춘추사 세계음악전집 신판

春秋社版 世界音樂全集 新版

**70년 동안 사랑받아온
역사 깊은 '춘추사판 세계음악전집'이
더욱 새로운 해설판으로 버전 업!**

더욱 연주하기 편하고, 알찬 에디션으로!
작곡가이면서 피아니스트인 토오야마 유타카에 의한
악보 해설의 전면 재검토와
자세하고 성실한 작품 해설을 추가해
춘추사판 세계음악전집이 다시 태어납니다!

신판(해설판)을 내면서 **토오야마 유타카**(작곡가·피아니스트)

'이구치(井口)판'이 국내(일본)판 피아노 악보 중에서도 가장 신뢰받는 에디션 중 하나라는 사실은 새삼 말할 필요도 없다. 이 판은 피아니스트의 학습과 연주의 지침서로서, 70년 동안 흔들림 없이 베스트셀러의 지위를 고수하고 있다. 이 에디션의 리뉴얼 기획이 2020년이라는 해에 시작된 것은 매우 뜻깊고 상징적인 일이라 생각된다. 이 판이 피아노 연주에 새로운 흐름을 불러오고, 어려운 시대 속에서도 음악을 사랑하는 사람들에게 큰 기쁨을 선사해줄 것으로 기대되기 때문이다. 이번 신판에서는 이구치 모토나리 원판의 정본 편집을 존중하면서도, 최신 연구 성과를 반영해 구판의 미비점을 보완하고 오류를 바로잡았다. 또한 각 권에 「악곡 해설」「주해」「연주 노트」라는 세 개의 장을 마련하여, 학습자와 전문가 모두의 지적·실천적 요구에 부응하고자 하였다. 여기에는 작품 성립의 배경, 악곡의 구조, 작곡 기법, 작곡가의 의도, 연주 해석의 역사 등이 서술되어 있으며, 더불어 연주법에 관한 조언도 구체적인 악보 예시와 함께 제시된다. 이 새로운 에디션을 손에 든 이들이 지금까지보다 더 가까이에서 피아노 명곡들과 마주하고, 생동감 넘치는 연주를 즐기게 되기를 진심으로 바란다.

춘추사판 악보(《세계 음악 전집 · 피아노 편》(통칭 '이구치판')란

도호 음악대학 초대 학장을 지낸 피아니스트 이구치 모토나리(井口基成, 1908 - 1983)가 편집 · 교정하여, 1950년대부터 1972년까지 약 20년에 걸쳐 간행된 피아노 독주곡 총서입니다. 총 49권에 달하며, 바흐, 모차르트, 베토벤, 쇼팽, 슈만, 리스트, 드뷔시 등의 주요 피아노 작품을 망라하고 있습니다.
당시로서는 획기적인 에디션이었으며, 국내(일본) 악보로서는 드물게 정확하고 실천적인 내용으로 학습자와 전문가 모두에게 높은 신뢰를 받아왔습니다. 수많은 피아니스트들을 길러낸 이구치에 의한 이 판본이 일본의 음악 교육 · 연구 발전에 기여한 바는 실로 지대하다고 할 수 있습니다.

바흐집의 특장점　　바흐

- **악곡 해설**
  작품과 장르를 깊이 이해하기 위해 바흐의 창작 여정과 작품에 얽힌 배경(총론)을 시작으로, 푸가나 무곡 등 다양한 장르에 대한 전문적인 상세 분석을 담고 있습니다.

- **충실한 주해**
  풍부한 바흐 사료를 참고한 이구치 모토나리의 정본 편집상의 포인트뿐만 아니라, 18세기부터 현대까지 이어지는 다양한 바흐 악보의 편집 역사와 원전에 대한 정보 등을 명확히 밝혔습니다.

- **실용적인 연주 노트**
  연주법과 기호에 대한 깊은 이해를 돕기 위해, 바흐 시대에 사용되던 다양한 연주 기호의 해석을 구체적인 악보 예시와 함께 설명하였으며, 과거의 건반악기와는 다른 '현대 피아노'로 바흐를 연주할 때 도움이 되는 실천적 조언도 충실하게 수록했습니다.

신판　바흐 피아노 작품집 [전 6권] 수록 작품

1. 《평균율 클라비어곡집》 제1권 (전24곡) BWV 846 - 869　126쪽 + 해설 50쪽

2. 《평균율 클라비어곡집》 제2권 (전24곡) BWV 870 - 893　164쪽 + 해설 50쪽

3. 《프랑스 모음곡》 (전6곡) BWV 812 - 817　172쪽 + 해설 52쪽
   《영국 모음곡》 (전6곡) BWV 806 - 811　112쪽 + 해설 42쪽

4. 《인벤션》《신포니아》 기타
   《2성 인벤션》 (전15곡) BWV 772 - 786
   《3성 신포니아》 (전15곡) BWV 787 - 801
   《12개의 작은 프렐류드》 BWV 924, 939, 999, 925, 926, 940, 941, 927 - 930, 942
   《6개의 작은 프렐류드》 BWV 933 - 938
   《푸가(푸게타)》 BWV c단조 961/《푸가》 C장조 BWV 952/《푸가》 C장조 BWV 953
   《작은 프렐류드와 푸게타》 d단조 BWV 899
   《작은 프렐류드와 푸가》 e단조 BWV 900/《작은 프렐류드와 푸가》 a단조 BWV 895
   112쪽 + 해설 42쪽

5. 《파르티타》 기타
   《6개의 파르티타》 BWV 825 - 830
   《프랑스풍 서곡》 b단조 BWV 831
   《이탈리아 협주곡》 F장조 BWV 971
   《반음계적 환상곡과 푸가》 BWV 903
   《사랑하는 형의 여행을 위한 카프리치오》 BWV 992　176쪽 + 해설 52쪽

6. 《토카타집》 (전7곡) BWV 910 - 916　90쪽 + 해설 22쪽

베토벤집의 특장점

■ 악보 텍스트의 전면적 재정비
1. 구판에 남아 있던 오기, 오타 등 악보상의 미비점과 불일치를 정비. 원전판 및 최신 연구 성과를 바탕으로, 음표뿐 아니라 발상기호와 아티큘레이션 등도 전반적으로 바로잡음.
2. 읽기 쉬워 오래 사랑받아온 판형은 유지하되, 더 사용하기 쉽도록 배려. 제목 표기의 정비, 마디 번호 부여, 각주의 간결화 등 실용성을 한층 더 끌어올렸습니다.

■ 악곡 해설
작품을 깊이 음미하기 위해 작곡가의 창작 과정과 작품 탄생의 배경(총론), 그리고 이론적·연주적 고찰을 바탕으로 한 상세한 분석, 품위 있고 풍부한 어휘로, 작품에 대한 깊은 이해를 돕습니다.

■ 충실한 주해
에디션을 깊이 이해하기 위해 기존 에디션(이구치판)의 편집 포인트와 다른 판본에 대한 정보까지 밝혀두었으며, 작품 연구에 필수적인 사료 정보까지도 폭넓게 수록했습니다.

■ 실용적인 연주 노트
한 단계 더 높은 수준의 연주를 향하여 작품의 성격과 표정의 부여 방식, 페달링에 이르기까지 연주상의 포인트를 섬세하게 안내. 실전에서 유용한 조언과 함께 풍부한 악보 예시도 포함되어 있어 지도를 위한 자료로도, 독학용으로도 활용할 수 있는 정보가 가득.

신판 베토벤 피아노 작품집 [전 5권] 수록 작품

1. 소나타집 1 [제1번~제11번]
   제1번 Op.2-1 (f단조)
   제2번 Op.2-2 (A장조)
   제3번 Op.2-3 (C장조)
   제4번 Op.7 (E♭장조)
   제5번 Op.10-1 (c단조)
   제6번 Op.10-2 (F장조)
   제7번 Op.10-3 (D장조)
   제8번 Op.13《비창》(c단조)
   제9번 Op.14-1 (E장조)
   제10번 Op.14-2 (G장조)
   제11번 Op.22 (B♭장조)
   224쪽 + 해설 40쪽

2. 소나타집 2 [제12번~제23번]
   제12번 Op.26 (A♭장조)
   제13번 Op.27-1 (E♭장조)
   제14번 Op.27-2《월광》(c#단조)
   제15번 Op.28《전원》(D장조)
   제16번 Op.31-1 (G장조)
   제17번 Op.31-2《템페스트》(d단조)
   제18번 Op.31-3 (E♭장조)
   제19번 Op.49-1 (g단조)
   제20번 Op.49-2 (G장조)
   제21번 Op.53《발트슈타인》(C장조)
   제22번 Op.54 (F장조)
   제23번 Op.57《열정》(f단조)
   248쪽 + 해설 48쪽

3. 소나타집 3 [제24번~제32번]
   제24번 Op.78《테레제》(F#장조)
   제25번 Op.79 (G장조)
   제26번 Op.81a《고별》(E♭장조)
   제27번 Op.90 (e단조)
   제28번 Op.101 (A장조)
   제29번 Op.106《함머클라비어》(B♭장조)
   제30번 Op.109 (E장조)
   제31번 Op.110 (A♭장조)
   제32번 Op.111 (c단조)
   176쪽 + 해설 48쪽

4. 변주곡집
   24개의 변주곡 D장조 WoO 65
   9개의 변주곡 A장조 WoO 69
   6개의 변주곡 G장조 WoO 70
   12개의 변주곡 A장조 WoO 71
   6개의 변주곡 F장조 Op.34
   변주곡 E♭장조 Op.35
   7개의 변주곡 C장조 WoO 78
   32개의 변주곡 c단조 WoO 80
   6개의 변주곡 D장조 Op.76
   《디아벨리의 왈츠에 의한 33개의 변주곡》
   C장조 Op.120
   156쪽 + 해설 28쪽

5. 소품집
   7개의 바가텔 Op.33
   11개의 바가텔 Op.119
   6개의 바가텔 Op.126
   바가텔 c단조 WoO 52
   바가텔 C장조 WoO 56
   2개의 프렐류드 Op.39
   프렐류드 f단조 WoO 55
   2개의 론도 Op.51
   론도 아 카프리치오 G장조 Op.129
   론도 A장조 WoO 49
   환상곡 Op.77
   폴로네즈 C장조 Op.89
   안단테 F장조 WoO 57《안단테 파보리》
   《엘리제를 위하여》WoO 59
   6개의 에코세즈 WoO 83
   140쪽 + 해설 24쪽

쇼팽집의 특장점

■ 악곡 해설
작품과 장르를 깊이 이해하기 위해 쇼팽의 창작 여정과 작품의 배경(총론)을 시작으로, 마주르카나 폴로네즈 등 다양한 장르에 대한 전문적인 상세 분석을 담고 있습니다.

■ 충실한 주해
쇼팽의 사료를 풍부하게 참고한 이구치 모토나리의 편집상의 포인트뿐만 아니라, 19세기부터 현대까지 이어지는 다양한 쇼팽 악보의 편찬 역사와 원전에 대한 정보 등을 명확히 밝혔습니다.

■ 실용적인 연주 노트
더 훌륭한 주법을 알려주는 작품의 성격, 표정의 부여, 페달링, 잇단음표 처리 등 쇼팽을 연주할 때 반드시 고려해야 할 포인트들을 섬세하게 안내합니다.

신판 쇼팽 피아노 작품집 [전 8권] 수록 작품

1. 소나타
   소나타 Op.35《장송 행진곡 포함》, Op.58
   발라드 Op.23, Op.38, Op.47, Op.52
   133쪽 + 해설 47쪽

2. 녹턴
   Op.9, Op.15, Op.27,
   Op.32, Op.37, Op.48,
   Op.55, Op.62, Op.72-1
   115쪽 + 해설 43쪽

3. 즉흥곡(Impromptu)
   Op.29, Op.36, Op.51, Op.66
   《환상 즉흥곡》판타지 Op.49
   스케르초 Op.20, Op.31, Op.39, Op.54
   97쪽 + 해설 41쪽

4. 12개의 에튀드
   Op.10 12개의 에튀드
   Op.25 3개의 새로운 에튀드
   113쪽 + 해설 45쪽

5. 24개의 프렐류드
   Op.28 프렐류드
   Op.45 왈츠
   Op.18《화려한 대왈츠》
   Op.34《화려한 왈츠》
   Op.64-1《작은 개 왈츠》
   Op.69-1《고별》, e단조 (유작) 등
   113쪽 + 해설 51쪽

6. 마주르카
   Op.6, Op.7, Op.17, Op.24, Op.30,
   Op.33, Op.41, Op.50, Op.56, Op.59,
   Op.63, Op.67, Op.68
   《라 프랑스 뮤지컬》수록곡
   《에밀 가이야르》수록곡
   120쪽 + 해설 43쪽

7. 폴로네즈
   Op.22《안단테 스피아나토와 화려한 대 폴로네즈》
   Op.26
   Op.40-1《군대 폴로네즈》Op.40-2
   Op.44
   Op.53《영웅 폴로네즈》
   Op.61《폴로네즈-환상곡》
   Op.71
   119쪽 + 해설 41쪽

8. 론도
   Op.1 마주르카풍 론도
   Op.5 론도
   Op.16 화려한 변주곡
   Op.12 독일 민요에 의한 변주곡 (유작) 볼레로
   Op.19 타란텔라
   Op.43 연주회용 알레그로
   Op.46 자장가
   Op.57 뱃노래
   Op.60 장송 행진곡
   Op.72-2 3개의 에코세즈
   Op.72-3
   137쪽 + 해설 43쪽

해설 | **토오야마 유타카**(遠山 裕) 작곡가·피아니스트. 1968년생.

도쿄예술대학 음악학부 작곡과 졸업. 재학 중 「오케스트라를 위한 랩소디」가 초연되었다. 관현악, 실내악, 피아노, 성악 등 다양한 분야에서 작품을 발표하고 있으며, 바로크에서 현대에 이르는 폭넓은 연주 레퍼토리를 바탕으로 명료한 해석과 아름다운 터치로 가장 개성적인 피아니스트 중 한 사람으로 주목받고 있다. 1996년부터 아사히 문화센터(신주쿠)에서 피아노 강좌를 개설하여, 바흐의 《평균율 클라비어곡집》과 《골트베르크 변주곡》, 베토벤의 전 소나타 및 협주곡, 쇼팽의 전 독주곡 및 협주곡, 그리고 드뷔시, 리스트, 모차르트, 라흐마니노프, 슈만 등의 주요 피아노 작품을 연주·강의하고 있다.

BEETHOVEN

WORKS for PIANO

1

Piano Sonatas -1

[신판]

베 토 벤

피아노작품집

[1] 소나타집 – 1

(해설판)

Edited and Revised by

MOTONARI IGUCHI

Commented by

YUTAKA TOYAMA

태림스코어

CONTENTS

해설 (악곡 해설·주해·연주 노트) ｜ 토오야마 유타카

*본 악보의 각주(원주)는 이구치 모토나리에 의한 것이다.

SONATA

op. 2 no. 1

26
31
37
f
sf
sf
p
sf
42
sione
sf
sf
47
ff
p
p
con espres-

① 오른손의 'B♭음'이 'D♭음'으로 되어 있는 판도 있으나 이 두 마디 앞뒤의 음을 생각해 보았을 때
'B♭음' 쪽이 자연스럽게 느껴진다.

120
125
130
136
141
146
cresc.
ff
sf
pp
ff
sf
p
con espres-
sione
sf
ff
sf
ff
sf
sf
sf
ff

Adagio
dolce p
sf
pp
sf

pp
sfp
sfp
p
sf
pp
sf
pp
pp
Menuetto
Allegretto
p
sf
p
sf
p
sf
pp
① ② ③

① 이 'B♭음'에 ♮을 붙인 판도 있지만 나는 그것이 틀렸다고 생각한다.

Prestissimo

2.
sempre piano e dolce
ff.
sf
sf

168
172
176
180
184
188
192
p
f
p
p
f
ff
(Ped.   *)

SONATA

Allegro vivace
op. 2 no. 2
2.
p
9
fp
pp
18
f
p
sfp
26
sfp
f
sfp
sfp
34
f
39
ff
p

47
rallentando
55
fp
(p) espressivo
sf
61
sf
66
①
sf
(cresc.) sf
71
sf
ff sf
76
ff
p
ff
pp
①

① 베토벤은 이 진행을 오른손으로만 치도록 지시하고 있으나, 무척 어려우므로 이
와 같이 양손으로 쳐도 좋다. 또한, 많은 판에서는 다섯 마디 후의 상행에서 셋
잇단음표의 첫 음을 왼손이 치도록 지시하고 있는데 이도 어렵다고 생각한다.

② 재현부를 따라서, 여기에 2분음표 'E음'을 추가한 판
이 많다.

① 원본에서는 다음과 같이 되어
있다.

258
ff
p
15
266
ritardando -   -   -   -   -   -
274
espress.
280
sf
sf
285
290
sf
sf
sf

Largo appassionato
tenuto sempre
p
staccato sempre
tenuto

tenuto sempre
cresc.
① ② 다음과 같이 쳐도 된다. ③ 듀란판에서는 다음과
같이 되어 있다.

Scherzo
Allegretto
cresc.
cresc.
rallent.

a tempo
32
p
38
f
ff
ff
ff
ff
Fine
45 Minore
p
sf
sf
51
tr
sf
sf
57
fp
sf
63
sf
ff
sf
Scherzo D.C.

Rondo
Grazioso
p
sf
pp
sf
sf
dolce
①
①

staccato sempre

63
1.
66b 2. staccato sf
ff
69 sf
sf
sf
72
75
sf
sf
78 legato
sf sf
pp

170
decresc.
173
(175)
178
sfp
181
sf
sf
184
f
p

SONATA

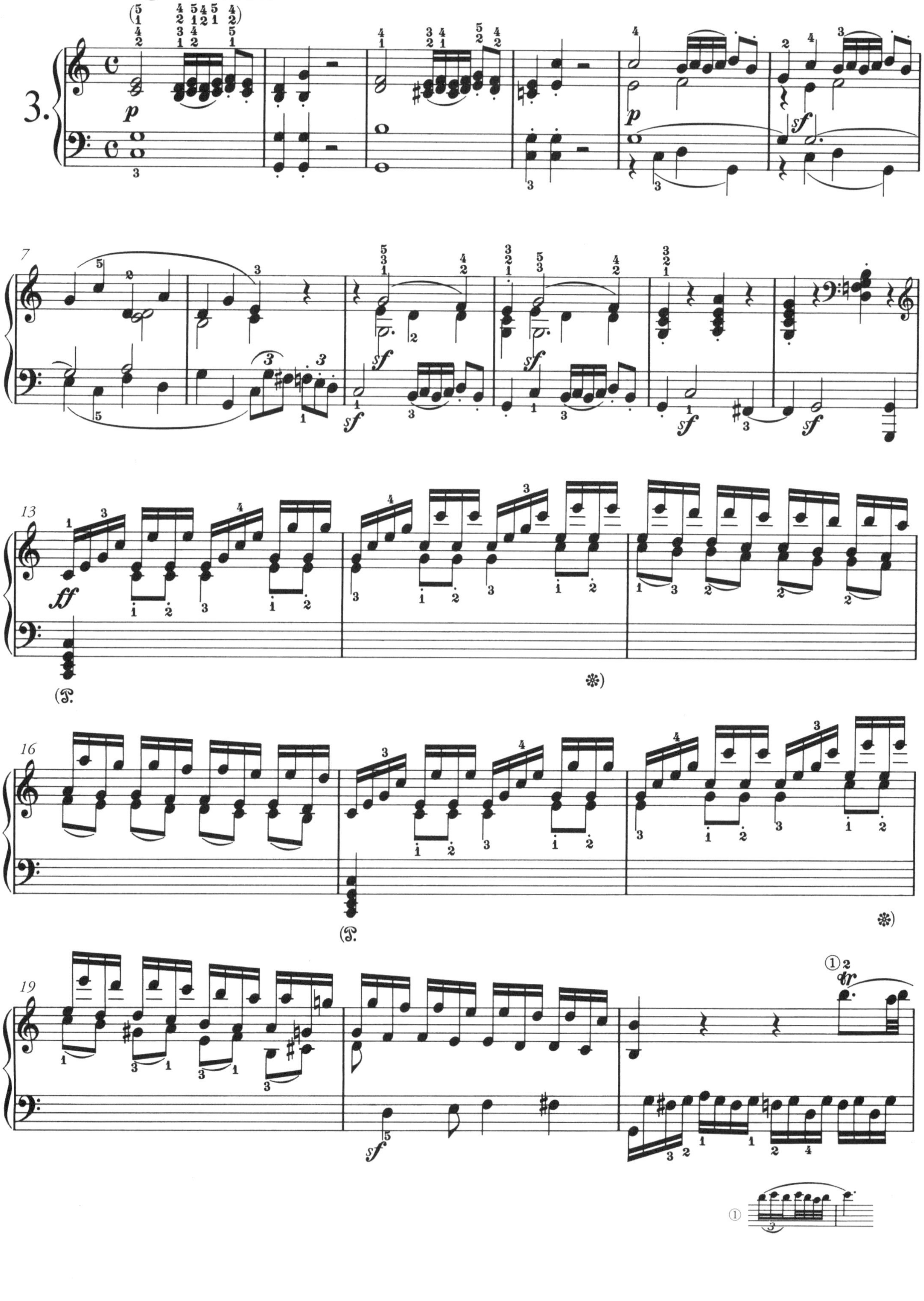

② 이 비화성음을 'F♯음'으로 표기한 판도 있는데 이는 바람직하지 않다.

10
(p dolce)
13
16
19
(espr.)
22
sf
sf
25
ff

68
71
75
79
Scherzo
Allegro
9

65 Trio
69
73
77
81
86

91
(p)
sf
sf
95
(p)
sf
sf
(cresc.) (sf)
100
(sf)
(sf)
ff
Scherzo D.C.
e poi la Coda.
106 Coda
ff
ff
p
p
p
113
pp
pp
121
pp

Allegro assai

SONATA

151
156
161
166
sf
sf
decresc.
pp
171
177
ff
ff
p

Largo, con gran espressione

sempre tenuto
p
sempre staccato
sfp
tenuto
staccato
pp
pp
f
sf
sf
f
f
f
pp

Allegro
p dolce
pp
sf
sf
sf
sf
sf
mancando - - - pp
dolce

51
pp
59
decresc. -
67
pp
1
cresc. -
75
f
ff
82
f
sf
89
1.
2.
Fine

96
Minore
pp
100
104
decresc.
108
pp
p
113
ffp
118
ffp

① 페터스판에서는 이 마디의
저음부가 다음과 같이 되어
있다.

Rondo
Poco allegretto e grazioso

143
147
151
155
159
163
fp
sf
sf
sf
sf
f
f
pp
pp
pp
pp
ffp
ffp
f
p
cresc.

SONATA

Allegro molto e con brio

op. 10 no. 1

① 원본에서는 다음과 같이 되어 있기 때문에 슈나벨 외의
판에서도 이를 따르고 있으나 부자연스럽다.

Adagio molto

46
p
cresc.
51
sf
sf
p
tr
35
55
3
3
58
(cresc.
f dimin.
p)
61
ff
p
ff
p
65
ff
fp
fp
sfp

de - cre - scen - do - - pp

Finale
Prestissimo
cresc.
sf
sf
sf
ff
p
f
ffp
fp
fp
cresc.

① 페터스판을 비롯한 다른 판에서는 가장 낮음 음 'D음'을 'E♭음'으로 기재하고 있다.

90
ff
94
ff
p
ff
p
ff
p
100
cresc.
fp
106
pp
p ri - - tar - - dan - - do tenuto
ca - - lan - - do
Adagio
Tempo I
113
tenuto
ff
p
118
decresc.

SONATA

op. 10 no. 2

93
cresc.
P. * P. *
p
97
cresc. -
101
f
p.
105
cresc. -
109
f
ff
sf
113
decresc. - - - p
pp
sf

185
190
193
196
199
Allegretto

① 많은 판에서는 *fp*를 사용하고 있지만
*subito p*편이 낫다.

SONATA

159
164
169
174
179
cresc.
ff
f
sf
ff
p

247
p
pp
cresc. - -
255
sf
sf
sf
p
sf
sf
262
sf
p
sf
sfp
cresc.
268
sf
sf
sf
sf
ff
fp
275
fp
281
cresc. -
ff
pp
sf

287
297
cresc.
f
pp
pp
sf
305
pp
pp
311
pp
317
sf
sf
sf
sf
sf
sf
sf
sf
322
sf
sf
sf
sf
poco
cresc.
p
p
sf
sf
sf
sf

328
333
p
cresc.
339
ff
ff
sf
sf
Largo e mesto
p
5
cresc.
sf
cresc.
pp
9
rf
rf

①② 많은 판에서 다음과 같이 음을 덧붙이고
있는데, 그 편이 훨씬 효과적일지도 모른
다.

① 다음과 같이 왼손으로 받아서 치기
쉽도록 하는 것도 좋다.

Trio
Menuetto D.C. ma senza replica.

Rondo
Allegro

① 페터스판을 비롯한 다른 판에서는 이 *sf* 는
다음의 2분음표에 *sfp* 로 쓰여져 있다.

SONATA

(Pathétique)

op. 13

① 이 *p*를 *ff*로 쓰고 있는 판이 많지만 *p*로 하는 편이 낫다.

① 대부분의 판에서는 다음과 같이 음을
추가하고 있다.

① 대부분의 판에서는 다음과 같이
'C음'을 덧붙이고 있지만 원본에는
없다.

① 이 *decresc.*를 *cresc.*로 잘못 표기하고 있는
판도 있다.

Allegro molto e con brio

cresc. -
f
p
cresc. -
sf
f
ff
Grave
p
cresc. sf
decresc. pp
Allegro molto e con brio
p
sf
cresc. - -
ff
ff

Adagio cantabile
p

67
70
Rondo
Allegro
rf
rf
rf
pp
p
cresc.
f
fp
fp
tr
6
11
16

① 슈나벨을 비롯한 다른 판에서는 *sf*를 고음의 4분음표 'B♮음'에

붙이고 있다. 페터스판에는 붙여져 있지 않다.

147
150
154
161
167
calando
p
174

SONATA

Allegretto

54
Maggiore
Allegretto da capo
sin' al Maggiore,
e poi la Coda.
Coda

Rondo
Allegro comodo
cresc.
cresc.
cresc.
pp

p
f
p
decresc.

SONATA

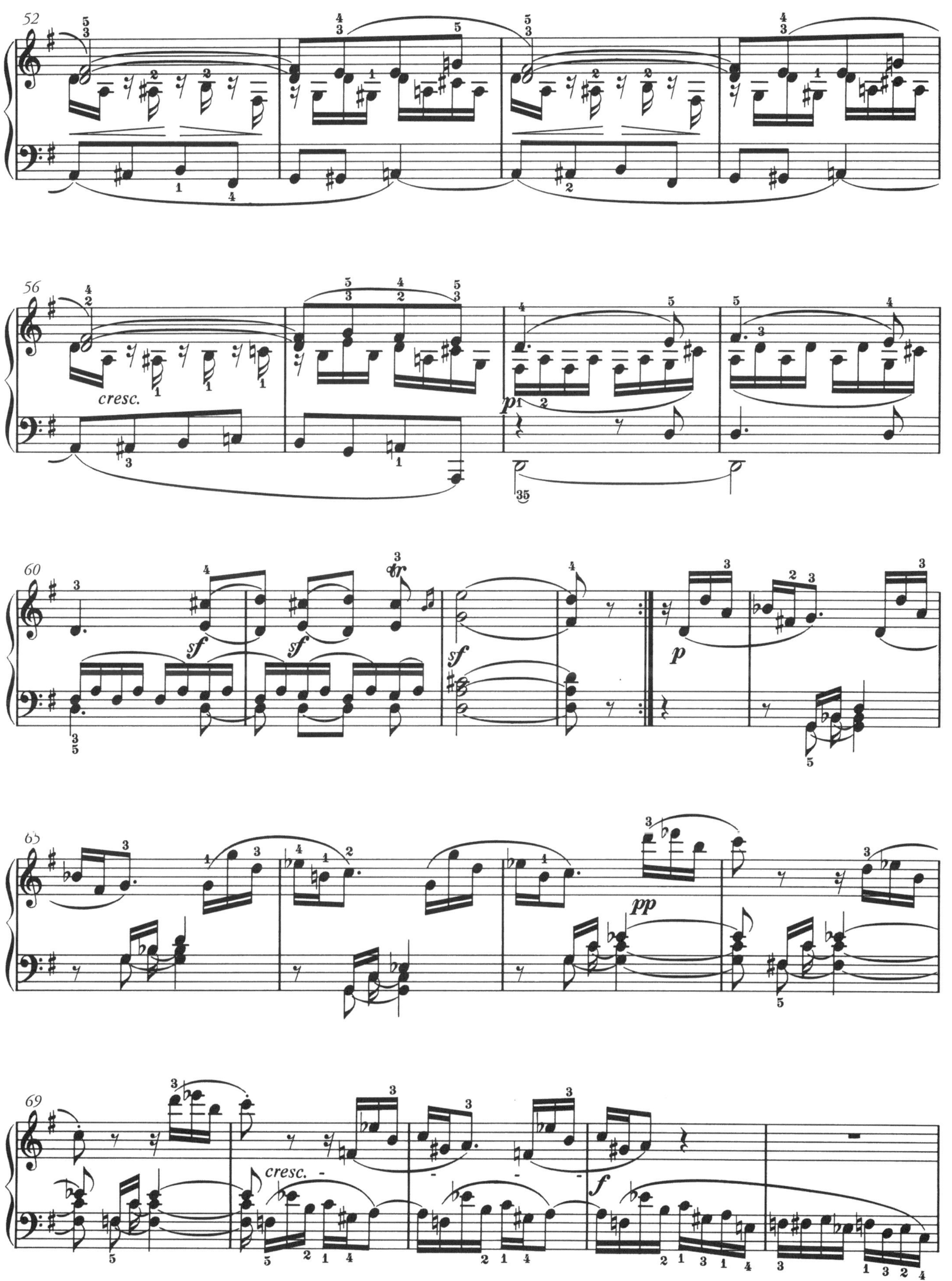

Andante
La prima parte senza replica
cresc.
cresc.
tr
cresc.

sempre legato
cresc.
cresc.
cresc.
cresc.
cresc.

80
decresc.
p
p
pp
pp
ff
Scherzo
Allegro assai
p
sf
p
cresc.
sf
p
f
sf
sf
sf
86
83
10

73 dolce
p
80
87
94
101 decresc. pp
109 p
117 p

sf
decresc.
p
p
sf
p
cresc.
sf
p
cresc.
de - - cre - - scen - - do
pp

SONATA

pp
3
5 4
5 4
pp
cresc. poco a poco
decresc.
pp
p
cresc.

Adagio con molta espressione
pp
cresc.
(sf)
(dimin.
p)
tr
sf sf sf pp
tr
cresc.
sf decresc. pp

Menuetto
p
cresc.
p
p cresc.
ff
sf
decresc.
p
cresc.
p
p cresc.
fz
p
cresc.

26
4/2
cresc. - - - - - -
p
Fine
31 Minore
3/4
f
sf
sf
sf
34
sf
sf
37
40
sf
sf
43
sf
sf
Menuetto da capo senza replica.

Rondo
Allegretto

26
32
35
38
41
46
cresc.
fp
fp
cresc.
f
p
cresc.
sfp
fp

cresc.
p
cresc.
f
p
cresc.
tr
p
f
sf
f
f
f
sf
p
cresc.

해 설

토오야마 유타카

신판을 펴내면서
이구치 모토나리 교정판의 의의

토오야마 유타카

이구치 모토나리 교정의 '세계 음악 전집 피아노편'(이하, 이구치판)은 1950년대 초부터 1972년까지 약 20년간 춘추사에서 간행한 전 49권의 피아노 독주곡 모음이다. 이는 바흐, 모차르트, 베토벤, 쇼팽, 슈만, 리스트, 드뷔시 등의 주요한 작품을 망라한 획기적인 에디션이며, 당시 국내판 악보로서는 유례없이 정확하고 실용적인 내용으로 학습자와 전문가들로부터 큰 신뢰를 얻었다. 이 판본이 일본의 음악 교육 및 연구에 미친 역할은 매우 크다.

한편 20세기 후반 음악계에서는 소위 '원전판'을 우선시하는 움직임이 일어났다. 이러한 움직임은 그때까지 사용되어 온 수많은 훌륭한 개인 교정판들(부조니판 바흐, 슈나벨판 베토벤, 코르토판 쇼팽 등등)을 구시대의 자의적 해석으로서 배척하는 방향으로 작용하였다. 마치 누군가가 "원전판이 아니면 악보가 아니다"라는 말을 한 것처럼 말이다. 이구치판은 결코 자의적 해석이라는 비난을 받아야 할 존재는 아니지만 비원전판 배척이라는 파동은 이 판에도 영향을 미치고 있는 듯하다.

나 자신도 많은 원전판을 정독하고 그 자료 비판과 합리적 고증의 정신에 경의를 표하며, 거기서 연주에 대한 귀중한 힌트를 얻어온 사람이다. 하지만 나는 음악 작품을 이해함에 있어서 원전판과 비원전판의 우열을 가리는 것은 그다지 현명한 일이 아니라고 생각한다. 원전판이라고 자처하는 것들 중에도 옥과 돌처럼 말 그대로 다종다양한 판이 있다. 그것은 개인 교정판의 경우도 마찬가지이다. 원전판과 개인 교정판을 비교하여 양쪽의 장단점을 적극적으로 수용하는 것이야말로 현대적 연주 해석의 묘미일 것이다.

여기서 '원전판'이란 무엇인가를 다시 한번 생각해 보자.

'원전'이란 작곡가의 자필 악보 최종본 혹은 그 사본, 동일 작품의 다른 버전 및 초고, 혹은 그 사본, 초판본, 초판본에 대한 작곡가의 개정 등의 자료의 총칭이며, '원전판'이란 교정자가 이러한 원전 자료를 구체적이고 종합적으로 검증한 뒤에 가장 적절하다고 생각하는 하나의 악보를 구성하고 그 구성에 이르게 된 이유와 자료의 비교 등을 해설 및 주해한 학술적 에디션의 명칭이다.

'원전판' 사용에 있어서 문제가 되는 것은 첫째로 '원전'의 범위가 작곡가의 의도를 직접적으로 드러낸 자료 또는 작곡가가 살았던 시대의 자료로 거의 한정되는 점, 둘째로 '원전판'의 성립에 그 교정자의 견해가 주체적으로 작용하는 점, 셋째로 바로크에서 고전기 작품의 '원전'이 종종 템포, 강약, 프레이징 등 연주 정보가 눈에 띄게 적은 백지도에 가까운 악보의 형태로 나타난다는 점, 넷째로 '원전판'에서는 그 작품이 오늘날까지 이어져 온 역사를 반영하지 않고 있다는 점이다.

첫 번째 문제는 작곡가의 기보가 어떠한 경우에도 절대적으로 정확하고 최선의 것이 아님을 의미한다. 자필보에 존재하는 여러 가지 미비한 점이 '원전'의 범위에서 반드시 충분하게 보정된 것이 아니며, '원전판'의 교정자도 그 보정에 적극적인 경우가 많다. 게다가 대부분의 클래식 피아노 곡의 경우, 작곡 당시와 오늘날의 악기에 현저한 차이(피치, 음역, 메커니즘, 울려 퍼지는 힘 등)가 있다. 따라서 현재의 피아노로 작곡가의 의도를 재현하기 위해서는 그저 원전에 한 음 한 음 충실하게 연주하는 것만으로는 충분하지 않으며, 프레이징, 아티큘레이션, 화음 구성, 페달, 메트로놈 등 여러 항목에 대해서 현대적인(up-to-date) 해석이 필요하다. 작곡가 시대의 기보에 대한 이해가 현재에 그대로 통용될 수는 없다.

두 번째 문제는 한 작품의 '원전판'에도 여러 가지 다른 판이 존재한다는 것을 의미한다. 그중에서 어떤 것을 선택해야 할 것인가? 정답은 모든 원전판을 구석구석까지 음미하고 비교하여 교정자의 교정 방침을 살펴본 후에 찾아내는 수밖에 없다. 그렇지만 그것은 대다수의 이용자에게는 비현실적인 조언이다.

세 번째 문제는 학습자에게 있어서 연주법에 대한 지시가 적은 백지도에 가까운 악보의 형태에서 정확한 연주 정보를 읽어 내는 것이 어렵다는 것을 의미한다. 그래서 대부분의 학습자는 교사의 지시를 따를 수밖에 없지만, 그 지시가 항상 정당하다고는 할 수 없다.

네 번째 문제는 훌륭한 음악 작품이 단순히 위대한 작곡가에 의해 기보 그리고 출판되었다는 것만으로 지금까지 존속해 온 것은 아니라는 것을 의미한다. 악보를 입수하고, 그 악보의 장점에 공감하는 동시에 결점을 파악하고, 필요한 부분을 보완하고, 가장 매력적인 형태로 청중에게 전달하는 사람들—즉 후대의 뛰어난 연주 해석자들—의 수세기에 걸쳐 이어 온 노력이 없었다면 우리는 많은 명곡의 존재를 모르고 있었을 가능성이 크다. 이러한 역사를 고려하지 않고 '원전'에만 초점을 맞추는 연구 자세는 아무리 생각해도 편파적이다. 후대 연주가들의 개인 교정판에는 물론 주관적이고 자의적인 면이 없지는 않다. 그러나 그렇다 하더라도 그들의 식견과 풍부한 경험, 그 분석적 해석의 유용성은 지금도 퇴색되지 않고 여전히 유효하다.

위의 내용을 바탕으로 이구치판이 원전판의 여러 문제에 적절한 해결책을 제시하는 존재라는 것을 이 이구치판을 손에 넣었을 때 알게 된다. 작품 해석의 역사에서 배운 교정 방침은 한쪽에 치우치지 않은 건전한 것이며, 그리하여 이구치판은 언어적으로 최상의 의미에서 가장 '자연스러운' 에디션인 것이다. 프레이징에 관련된 분절법, 장식음 기법, 운지법, 페달 사용법 등의 적절한 지시와 보충은 물론, 친숙해지기 쉬운 악보의 형태와 실제적인 보표 할당(한 박 한 박에 음표가 배분된 것)이라는 시각적인 요소도 연주자의 부담을 경감하는 데에 크게 기여하는 부분이다.

이 에디션이 가진 최대의 장점은 우리가 작품을 음악적으로 생동감 있게 표현하기 위한 유익한 가이드를 충분하게 갖고 있는 점, 그리하여 많은 개인 교정판과 다르게 우리만의 독자적인 해석을 더할 수 있는 여지를 남기고 있다는 점에 있다. 그것은 위대한 베토벤 연주자 이브 나트의 지식과 덕에 감화를 받아 피아노 연주자 그리고 교육자로서 일가를 이룬 이구치 모토나리의 오랜 경험의 힘일지도 모른다. 물론 이구치판은 원전 자료에 대한 학술적 요구에 부응하는 것은 아니다. 이는 연구자의 책꽂이에 진열하는 것보다도 연주자의 악보 보면대에 펼치기 위한 악보이다. 그렇지만 이구치의 교정은 개인적인 편중이 적고 절도 있는 것이기 때문에 비교적 간결하게 주해를 단 것으로, 본 판에서 원전의 양상을 짐작하는 것 역시 가능하다.

2021년—이구치판 초판 발간으로부터 70년이라는 시간이 흘렀다. 그 사이에 수많은 새로운 발견과 연구가 쌓여 온 것은 말할 필요가 없다. 이제 우리는 1950~70년대의 시점에서 규범이라고 여겨 온 모든 해석과 연주법을 무비판적으로 받아들일 수는 없다.

이번에 간행되는 신판 '이구치 모토나리 교정판'은 이구치 오리지널의 교정(프레이징, 아티큘레이션, 운지, 페달, 장식음 연주법 등)을 존중하면서 그 후 진행되어 온 여러 연구에 비추어 구판의 미비한 점을 보충하고 잘못된 점을 바로잡으며, 또한 각 권 말미에 '악곡 해설', '주해', '연주 노트' 등 세 개의 챕터를 구성하여 현재의 학습자와 전문가의 지적 그리고 실천적 요구에 맞추는 것을 취지로 삼고 있다. '악곡 해설'은 작품의 성립 배경, 악곡의 구조, 작곡 기법, 작곡가의 의도 등 연주를 위해 꼭 필요한 지식을 쌓기 위한 가이드이다. '주해'에서는 이구치판과 원전과의 차이점, 다른 판과의 비교, 그 외 악보에 존재하는 여러 가지 문제를 언급할 것이다. '연주 노트'에는 해석과 연주법에 대한 실제적인 조언과 제안을 담을 것이다.

이 새로운 에디션을 손에 넣은 사람들이 작곡가의 독창성과 피아노의 매력을 직접적으로 경험하고, 음악에 대한 이해를 한층 더 깊게 할 수 있기를 바란다.

베토벤의 피아노 소나타

서문

베토벤 피아노 소나타에 대한 설명으로 가장 유명한 말로서 한 스 폰 뷜러의 경구가 있다. 그는 베토벤의 서른두 개의 소나타를 '피아노의 신약 성서'라고 부르고, '구약' 부분에 해당하는 바흐의 《평균율 클라비어 곡집》과 대비시켰다[*1].

《평균율 클라비어 곡집》이 이제껏 인류가 쓴 가장 완벽한 음악 중 하나로서 침범하기 어려운 신의 영역에 있다는 사실은 인정하지 않을 수 없다. 그런데 베토벤의 피아노 소나타는《평균율 클라비어 곡집》과 같은 기준에 비추어 보았을 때, 결코 완벽하지도 교리적이지도 않았다. 그것은 종종 불완전하고 많은 시행착오의 흔적을 남기고, 때로는 엄청난 좌절을 겪고 있다. 우리는 그의 소나타 곳곳에서 신을 몹시 동경하면서도 스스로 신이 될 수 없었던 베토벤이라는 남자의 고뇌의 목소리를 듣는다.

이 작곡가의 위대함은 그러한 시행착오의 과정을 정직하게 악보에 새긴 것에 있었다. 그는 악곡을 구상함에 있어서 대충 어중간하게 타협하여 작품을 무난하게 마무리하는 식의 모방은 하지 않는다. 좌절과 성취의 끝없는 반복, 그러한 고군분투가 그의 음악을 접하는 이들을 매료시키고 고무한다. 낭만파 음악가들이 베토벤을 매우 존경했던 것은 그러한 그의 모습에서 새로운 예술 표현의 이상을 보았기 때문일 것이다. 그렇다고 하더라도 19세기는 베토벤을 너무 존경한 나머지 그를 지나치게 미화한 감이 있다. 베를리오즈, 슈만, 리스트, 뷜로, 바그너 등은 베토벤의 예술적 고뇌와 분투를 특별히 더 감동적으로 받아들였다. 이는 결과적으로 그가 위대한 현실주의자였다는 사실에 대한 관심을 떨어뜨리게 한 것 같다.

현실주의자로서의 베토벤—그것은 이상주의자로서의 베토벤과 표리일체하며, 특히 피아노 소나타의 해석에 있어서 이러한 시점은 중요하다. 그에게 피아노 소나타는 교향곡이나 협주곡이라는 대규모의 작품과는 다른 의미를 가진 장르였다.

예를 들어 아홉 개의 교향곡 작곡에 있어서 베토벤은 필시 만반의 준비를 하고 있었다. 다듬고 또 다듬어서 가능한 한 완성된 예술 작품으로서 세상에 내놓으려는 기개가 그 총보에 가득하다. 우리는 거기서 이상주의자로서의 베토벤의 모습을 본다.

그러나 피아노 소나타는 거기에 그치지 않는다. 피아노는 베토벤 자신의 악기로서 항상 그의 곁에 있었다. 그에게 있어 그것은 얼마나 가까운 친구였을까! 그는 그때그때 있는 그대로의 악상을 피아노를 향해 이야기하고 질문을 던졌다. 베토벤에게 소나타란 피아노와의 스스럼없는 대화의 장소였다. 거기에는 자신을 꾸미지 않고 허심탄회하게 대면하는 베토벤의 모습이 있다. 그의 소나타는 무엇보다도 이러한 점에서 우리에게 강하게 호소하는 힘을 가지고 있다고 생각된다. 그것은 때로는 최종적인 '해답'에 이르지 못한 미완성의 예술 행위였고, 종종 원석 상태로 그의 악상을 내놓는 것이기도 했다. 당시에는 신곡 초연자가 거의 항상 작곡가 자신이었고, 또한 베토벤이 즉흥 연주의 달인이었다는 사실을 생각해 보면, 소나타가 세상에 나왔을 때 그의 '원석'이 생각지도 못한 형태로 눈부실 정도로 아름답게 변모하는 경우도 있었을 것이다. 그래서 그의 소나타 악보는 엄격하고 불변하는 교리가 아니다. 그것은 우리들이 상상하는 것보다도 훨씬 가소성이 높은 소재이다. 리스트, 브람스, 버르토크 등 후대의 음악가가 예민하게 반응한 부분은 이 가소성, 악상 그리고 기법의 놀라울 정도로 유연한 변용성 바로 그것이다.

베토벤의 시행착오는 마지막 소나타 시리즈에 이르러 훨씬 더 많아졌다.《c단조 소나타 Op. 111》은 그의 피아노 예술의 마지막 장으로서 결코 원만하게 마무리되지 않았다. (그의 마지막 교향곡은 어쨌든 '마무리되어' 있다. 다소 억지로 끝내는 방식이기는 했지만—) 베토벤의 악보는 지금도 미해결의 여러 문제를 내포하고 있으며, 후대를 향해 그가 던진 많은 물음표는 두 세기의 시간이 흐른 지금도 여전히 그 중요성을 간직하고 있다.

베토벤의 소나타는 거대한 수수께끼이다. 그 수수께끼 같은 신비로움 때문에 우리는 그의 소나타를 연주하는 데에 싫증내지 않고, 그것에 대해서 이야기하는 데에 지치지 않는 것이다.

베토벤의 기보에 대해서

베토벤 피아노 악보의 특징으로 그 당시로서는 이례적으로 풍부한 지시와 기호가 관찰된다. 이는 베토벤 본인의 피아노 연주 방식을 전하는 자료로서는 매우 흥미롭다.

1. 강약

베토벤은 강약법에 관해서 당대의 그 어떤 음악가보다도 뛰어나서 그 나름의 개성적인 개념을 가지고 있었다. 그는 통상의 강한 연주 포르테 *f* / 약한 연주 피아노 *p* 외에 그 최대치인 포르티시모

ff / 최소치의 피아니시모 pp(혹은 피아니시시모 ppp)를 적극적으로 사용하여 세세한 차이를 두고[예를 들어, 소나타 Op. 27 No. 2의 제3악장 제100-101마디의 p / pp, Op. 53의 제3악장 제390-400마디의 p / pp / ppp, 제540-543마디의 ff / f 등] 효과적으로 대비시켰다[Op. 7의 제1악장 제25-32마디의 ff / pp, Op. 106의 제1악장 제17-24마디의 f / p 등]. 중간 음량인 mf, mp의 지시는 드물지만 *più f*, *più p*, *mezza voce*와 같은 미묘한 강약의 가감이 수시로 지정되어 있다. 약한 연주에는 악곡 구상에 사용되는 형용사(돌체 *dolce*, 레가토 *legato*, 칸타빌레 *cantabile*)로 완곡하게 지시되어 있는 경우도 드물지 않다.

음량의 증감에 대해서는 강한(약한) 연주 전에 예비적 크레센도(데크레센도)가 설정되지 않은 경우[Op. 2 No. 3의 제4악장 제53-55마디, Op. 7의 제3악장 제95-98마디, Op. 10 No. 3의 제4악장 제98-99마디, Op. 53의 제3악장 제279-285마디, Op. 57의 제1악장 제108-109마디 등], 그리고 크레센도(데크레센도)가 반드시 강한 연주(약한 연주)로 이어지지 않는 경우[Op. 10 No. 1의 제1악장 제162-168마디, Op. 27 No. 2의 제2악장 제57-59마디, Op. 53의 제1악장 제82-85마디, Op. 57의 제1악장 제39-41마디, Op. 90의 제2악장 제286-289마디 등]가 많다는 점에 유의해야 한다. 이는 베토벤이 수비토 포르테(피아노) *subito f*(p)라는 표현을 종종 원했다는 것을 의미하며, 독자적인 '간격'을 구사한 그의 피아노 연주법의 일면을 엿볼 수 있는 대목이다.

음량 증감은 초기~중기에서는 주로 음악 용어(*cresc., decresc., dimin.*)를 통해 지시된다. 이에 더해 중기~후기에서는 헤어핀 기호(⬕━━━⬔)가 자주 사용된다. 그리고 이 판에서는 긴 시간에 걸치는 크레센도와 데크레센도의 범위가 파선(---)으로 명시된다.

2. 악센트

베토벤의 기보에서 가장 주의를 요하는 것은 '악센트' 지시이다. 그의 악보에서 '>'기호의 사용 빈도는 낮고 악센트는 아래와 같이 네 가지 종류의 문자 기호로 표기된다.

a) sf—해당 음만 강조(점적 강조). 현대의 '>'기호와 같은 뜻을 가진다. 강한 연주의 경우뿐만 아니라 약한 연주에도 사용된다[강한 연주의 경우 sf: Op. 10 No. 2의 제3악장 제51-66마디, Op. 106의 제1악장 제351-361마디 등. 약한 연주의 경우 sf: Op. 2 No. 1의 제1악장 제22마디, Op. 7의 제1악장 제3마디, Op. 13의 제1악장 제27-28마디, Op. 31 No. 3의 제2악장 제1-2마디, Op. 49 No. 1의 제1악장 제98-102마디, Op. 54의 제1악장 제3마디 등].

b) rf(*rinf, rinforzando*)—계속 이어지는 여러 음(프레이즈)의 강조(면적 강조). 표정을 담은 강조로 강한 연주, 약한 연주 어느 경우든지 사용할 수 있다[Op. 10 No. 2의 제2악장 제23-24마디, Op. 10 No. 3의 제2악장 제82-83마디, Op. 53의 제2악장 제9-10마디, Op. 57의 제3악장 제226마디 등].

c) $fp, ffp, sfp, sfpp$ — sf와 거의 같다. 다만 그 후 혹은(및) 전부분의 약한 연주라는 것을 고려한 것이다[Op. 2 No. 3의 제2악장 제81마디, Op. 7의 제3악장 제98마디, Op. 13의 제1악장 제1-3마디, Op. 57의 제2악장 제5마디, Op. 111의 제1악장 제11마디 등].

d) f, ff — sf와 거의 같은 의미로 사용된다. 강한 연주의 경우에서 특히 감정과 의미를 담은 음에 대한 악센트로서 사용된다[Op. 2 No. 2의 제3악장 제43-44마디, Op. 10 No. 3의 제1악장 제21-22마디, Op. 13의 제1악장 제129-131마디, Op. 31 No. 3의 제1악장 제44-45마디, Op. 53의 제3악장 제542-543마디, Op. 106의 제4악장 제397-400마디 등].

위의 악센트 지시는 언뜻 보기에는 번잡한 것처럼 보이지만 그 차이를 이해함으로써 우리는 베토벤이 요구하는 악센트의 성격을 구체적으로 알게 된다.

실례를 살펴 보자.

Fig. 1 a　op. 7 (I)

Fig. 1 b　op. 7 (I)

Fig. 2 a　op. 57 (III)

Fig. 2 b　op. 57 (III)

Fig. 3 op. 7 (Ⅲ)

Fig. 4 op. 2 no. 2 (Ⅲ)

Fig. 1. *sf*는 베토벤의 악센트 표기의 기본이라고 할 수 있는 한 음을 강조하는 것이다. 다만 이 기호가 Fig. 1a(원보: 편곡하기 전의 악보)처럼 약한 연주에 사용되는 경우, 해당음(마디 3의 오른손 화음)에 과도한 음량과 거친 타건으로 인해 발생할 수 있는 문제가 있다. 본래 *p*여야 할 마디 4의 오른손 화음과 마디 3-4의 왼손 8분 음표군의 음량까지도 전체적으로 커질 수 있다. 이 경우에서는 *sf* 를 일단 현대의 '>'기호로 바꾸어 읽는 편이 낫다(Fig. 1b). 이로써 마디 3의 오른손 화음의 어택이 어디까지나 약한 연주 안에서의 억양이라는 것을 올바르게 이해할 수 있게 된다.

Fig. 2. *rinforzando*(*rf*)의 경우도 '>'를 대용하는 것이 불가능해 지는 않는다. 하지만 그것만으로는 이 구절에 담긴 표정을 전달하기 에는 불충분하다. 그 예로 *rinforzando*는 두 개의 4분음표에 대해 '악센트+에스프레시보'를 요구하는 것(Fig. 2b)이라고 해석된다.

Fig. 3. 약한 연주 안에서 극단적으로 뚫고 나오는 것을 '>'로 전 달하기는 어렵다. 콘트라스트의 강도를 정확하게 전달한다는 점에 서 *fff*와 같은 문자 기호는 효과적이다.

Fig. 4. 감정의 고양을 웅변하듯이 전달하는 기보이다. 이러한 시 각적 효과는 '>'의 대용으로는 실현하기 어렵다.

베토벤의 악센트에서 문제가 되는 것은 해당음을 함부로 지나치 게 강하게 친다거나, 그 후의 약한 연주 부분에서도 연달아 강하게 연주한다거나, 혹은 그 이전의 부분에 불필요한 크레셴도를 넣는 다거나 하는 것이다. 악센트의 정의는 '어떤 음을 그 전후의 음보다 부각시키는 것'일 뿐이다. 따라서 위 a~c의 기호는 약한 연주(*p*, *pp*) 에서도 자주 사용되는 것으로, 이때 악센트의 실제 음량은 음악의 맥락에 따라 *mp-mf* 정도면 충분하다.

3. 프레이징, 아티큘레이션

베토벤의 소나타 악보 초판본에는 프레이징, 아티큘레이션과 관 련해 미비한 점이 상당히 많다. 특히 프레이징(슬러 기호)의 기입에 관해서는 자필보에서조차 완전하지 않고, 그 방식이 일관성이 없

거나 현대의 피아노 연주 스타일에 맞지 않는 경우가 종종 발견된 다. 이구치 교정의 최대의 업적은 이러한 원전의 미비점을 보완하 여 자연스러우며 음악적인 프레이즈의 형태를 만드는 것으로 연주 자를 지도했다는 점에 있다. 원전에는 여러 종류의 스타카토 기호 ['점', '종단선(뾰족한 선 모양)', 아래 방향으로 향해 끝이 뾰족해지 는 '종단선' 등]가 사용되었는데, 이는 당시 피아노의 미묘한 터치의 차이에 대응하기 위한 것으로 추정된다. 하지만 현대에서 이 다양 한 스타카토 표기를 완전히 이해하고 재현하는 것은 어려운 일이 다. 후대의 많은 교정판과 마찬가지로 이구치판에서도 스타카토는 일반적인 점 기호 '·'로 통일되었다.

베토벤의 악보에서 테누토 기호 '–'는 사용되지 않는다. 그래서 포르타토 연주법(메조 스타카토)은 '스타카토+슬러(·⌣·)'의 형태 로 표기된다[Op. 90의 제2악장 제2마디, Op. 101의 제1악장 제15마 디, Op. 111의 제1악장 제30-31마디 등].

'>'기호는 짧은 데크레셴도와 종종 비슷하여 단순한 악센트가 아니라 해당음에 대한 미묘한 뉘앙스를 요구하는 의미로 사용된다 [Op. 2 No. 3의 제2악장 제19-23마디, Op. 78의 제1악장 제20-23마 디, Op. 106의 제1악장 제76마디, Op. 109의 제3악장 제1변주 등].

4. 전타음 등

베토벤 자필의 '짧은 전타음(단음)' 표기에는 작은 8분음표, 작은 16분음표, 작은 32분음표의 세 종류(모두 사선이 없는 형태)가 있 으나, 그 연주법에 특별한 차이는 없다. 이 판에서는 이 모든 음표 에 사선을 붙여서 작은 8분음표로 바꾸었다. 이는 '긴 전타음'과의 혼동을 피한다는 의미에서 유익한 개정이다.

짧은 전타음을 박(beat)과 동시에 연주해야 하는지, 박보다 먼저 연주해야 하는지를 일괄적으로 규정할 수는 없다. 대부분의 경우 베토벤의 짧은 전타음은 박과 동시에 연주하는 것이 바람직하다. 그렇지 않은 경우에 대해서는 '연주 노트' 챕터에서 언급할 것이다.

트릴과 그루페토(돈꾸밈음)를 실음으로 시작할지 보조음으로 시 작할지 판단하는 것도 경우에 따라 다르다. 또한 원전에서 트릴 후 타음(작은 음표)의 유무는 대부분의 경우 베토벤의 의도를 정확하 게 반영하고 있지만, 후대의 교정판은 종종 원전에 없는 후타음을 보충했다. 이번 신판의 교정에서는 원전을 존중하면서도 후타음의 유무에 대해 양식적, 악리적, 연주법적으로 적절하고 올바른 해석을 시도했다.

5. 템포

템포에 대한 베토벤의 요구는 마치 웅변하는 것처럼 구체적이고 설명적이다. 모차르트의 경우에는 Allegro, Andante, Adagio와 같 이 한 단어로 충분하다고 여겨졌던 곡 머리의 템포 지시는 베토벤

의 경우 종종 Allegro con brio, Andante molto cantabile, Adagio con molta espressione처럼 여러 단어를 조합한 구체적인 지시로 구성된다. 이러한 취향은 후기 소나타에 이를수록 더욱 뚜렷하게 나타나며, Op. 81a, 90, 101, 109 이렇게 네 작품에서는 Geschwinde, Etwas lebhaft, Langsam und sehnsuchtsvoll처럼 독일어로의 템포 및 곡의 악상 표기의 실천에 이른다.

또한 그의 악보에서는 악상에 대한 지시가 일반적인 속도 표기를 대체하는 경우도 드물지 않다. 예를 들어 Grazioso[Op. 2 No. 2의 제4악장]가 Allegro non troppo를, Leggiermente[Op. 109의 제3악장 제2변주]가 Un poco più mosso를 시사하는 방식이다. 이러한 지시들은 템포가 어디까지나 표현에 뿌리를 둔다는 작곡가의 이념을 보여주는 듯하다.

리타르단도를 비롯한 속도 변화의 지시는 항상 필요충분적으로 이루어지고 있다. 연주자는 그 지시에 없는 것을 자의적으로 빠르게 하거나 느리게 연주해서는 안 된다. 그렇지만 음악적 표현으로서 세부적으로 미세한 감속 혹은 가속이 행해지는 것은 자연스러운 일이다.

베토벤이 최초의 사용자였다고 알려진 메트로놈의 수치는 《B♭장조 소나타 Op. 106》에 등장한다. 하지만 이 수치에는 문제가 있었고, 이 작품 이후의 피아노 소나타에서는 두 번 다시 메트로놈 수치는 나타나지 않았다. 이는 베토벤이 수치로 템포를 규정한다는 방침에 대해 최종적으로는 의심을 품었기 때문일지도 모르겠다. 그의 직제자인 카를 체르니는 모든 소나타 악장에 메트로놈 지시를 붙였으나[*2], 이에 대해서도(악기와 음높이에 대한 시대 변천이라는 점을 빼더라도) 납득이 가지 않는 점이 많다. 후대의 여러 교정판의 메트로놈 수치를 살펴보더라도 백 퍼센트 동의할 수 있는 것은 없다. 템포는 다른 사람에 의해 특정된 수치에 의존하지 않고 해석의 결과로서 연주자가 독자적으로 결정해야 할 것이다. 이러한 의미에서 나는 메트로놈의 수치를 정하지 않은 이구치 모토나리의 교정 방침을 지지한다.

6. 페달

원전에서 댐퍼 페달(오른쪽 페달)의 지시가 있는 소나타는 Op. 26, 27, 28, 31/2, 53, 57, 78, 81a, 101, 106, 109, 110, 111을 포함한 열네 작품이며, 소프트 페달(왼쪽 페달)의 지시[사용할 경우 una corda/해제할 경우 tutte le corde]가 있는 소나타는 Op. 101, 106, 109, 110의 네 작품이다. 이 작품들은 페달에 대한 베토벤의 독자적인 생각을 보여주는 사례로서 흥미롭지만, 전부 오늘날의 피아노에서 충실하게 실행될 수 있는 것은 아니다. 게다가 이러한 지시는 그의 페달 사용법의 겨우 일부분을 보여주는 것에 지나지 않으며, 다른 페이지에서도 페달을 마음껏 사용해야 함은 두말할 나위도 없다. 이 판의 페달 지시의 보완은 한정적이며, 연주자의 판단에 의한 페달 사용의 여지를 남기도록 되어 있다.

다음 표기는 Op. 26, 27, 28의 원전에서 사용된 페달 지시이며, 이 판에서는 현대의 페달 기호로 변경하였다.

· senza sordino: 댐퍼 페달의 사용(Ped.)을 의미한다.

· con sordino: 댐퍼 페달의 해제(✻)를 의미한다.

소나타의 3기 구분에 대해서

베토벤의 작품을 '초기, 중기, 후기'의 3기로 분류하는 시도는 아주 오래전부터 있었다. 일생에 걸쳐 뚜렷한 작풍의 변화를 보여주는 베토벤의 음악을 이해하는 데 이 3기 분류는 어느 정도 유익한 도움이 될 수 있을 것이다.

단, 주의해야 할 것은 이 작풍의 변화 시기가 피아노 소나타와 그 이외의 대규모 기악곡(교향곡, 협주곡)과는 다르다는 사실이다. 한 가지 예로 교향곡에 있어서 중기는 《에로이카 Op. 55》(1804)로 시작되는 것으로 이해되는데, 피아노 소나타에 있어서 중기는 Op. 27과 Op. 31(1801-1802)에서 이미 시작되고 있다. 이는 베토벤의 악상 변화가 피아노라는 악기에 훨씬 먼저 반영되었기 때문이다. 따라서 피아노 소나타에 대해서는 이 판의 편집 '제1권: 1~11번, 제2권: 12~23번, 제3권: 24~32번'을 그대로 '초기, 중기, 후기'로 봐도 문제는 없을 것이다(19번과 20번은 초기 작품으로서 예외이다). 엄밀히 말하자면 12번, 13번은 초기보다는 중기로 가는, 24번, 25번, 26번은 중기보다는 후기로 가는 과도기에 위치하는 작품들이다.

이하, 본서에서는 음이름을 영어식으로 표기한다. 음역의 표기는 헬름홀츠의 방식을 따른다 :

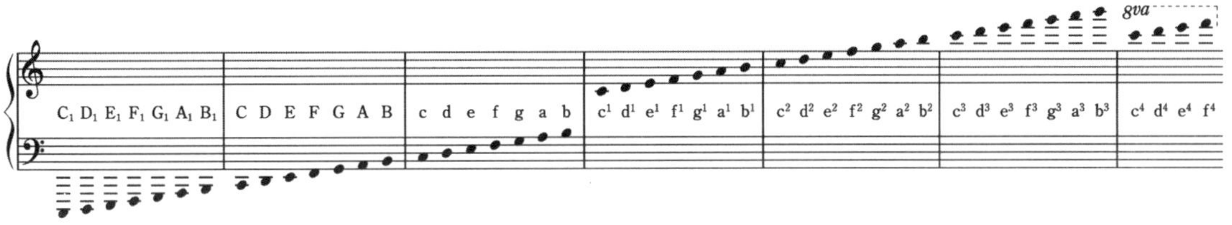

악곡 해설

초기 소나타 개요

제1권에 수록된 초기 소나타 열한 작품(1795년 이전-1800년) 중에서 가장 개성적인 작품이《비창 Op. 13》임은 말할 것도 없다.《비창》이전의 일곱 작품(Op. 2, 7, 10)은 하이든과 모차르트의 영향을 받으면서도 독자적인 피아노 음악 어법의 확립을 꾀한 의기양양한 청년 베토벤의 자화상이다.《비창》에 이은 세 작품(Op. 14, 22)에서는 일종의 퇴행이 보이지만, 이는 새로운 소나타 양식의 탄생(Op. 26, 27)을 기다리는 잉태기였다.

초기 소나타에 대한 이해에 필요한 예비 지식으로서, 다음 두 가지를 들 수 있다.

첫째로 악기이다. 이 시기에 베토벤이 연주한 피아노는 주로 빈에서 생산한 것이었다. 그것은 음질, 음량, 음역, 터치 등 모든 점에서 현대 피아노와는 거리가 먼, 말 그대로 여명기의 악기이다.《비창》을 포함한 초기 소나타의 대부분이 '크라브상 혹은 피아노 포르테를 위한' 작품이라고 지정되어 있는 것에서도 당시의 피아노가 여전히 크라브상(쳄발로)과 큰 차이가 없는 진화의 과정에 있었다는 것을 알 수 있다. 다이내믹한 피아노 연주로 명성을 떨치고 있었던 베토벤이 그러한 악기에 만족하고 있었다고는 도저히 생각할 수 없다. 그는 현실보다 더 앞선 것을 내다보고, 방금 막 탄생한 취약한 피아노에 그 피아노가 가진 능력 이상의 것을 요구했다. 초기 소나타에서는 곳곳에서 음역과 음량의 제약에 답답함을 느끼면서도 최선을 다하는 그의 모습을 엿볼 수 있다. 참고로 Op. 49 이전의 소나타 작곡에 사용된 악기의 음역은 'F$_1$ – f^3'의 다섯 옥타브였다.

둘째로 악장의 수이다. 베토벤은 피아노 소나타의 악장 수를 4, 3, 2로 자유로이 변화시켰다. 초기 소나타(1-11번)의 악장 수는 차례대로 '4, 4, 4, 4, 3, 3, 4, 3, 3, 3, 4'이다. 베토벤이 당초 4악장 작품을 집중적으로 썼던 것은 우선은 교향곡과 4중주곡을 모델로 삼으면서 독자적인 피아노 소나타의 본연의 모습을 찾고 있었기 때문이었다고 짐작할 수 있다. 그리하여 그는 머지않아 훨씬 피아니스틱한 성격이 강한 3악장의 소나타에 착수하게 된다.《비창》에서 이 3악장의 스타일이 정착되는 것처럼 보였으나, 그 이후에도 4악장 구성에 대한 베토벤의 집념은 사라지지 않았다. 게다가 4악장을 '빠름(소나타), 느림, 무곡(미뉴에트 혹은 스케르초), 빠름(론도)', 3악장을 '빠름(소나타), 느림, 빠름(론도)'으로 하는 고전적 구성이 초기 소나타에서 대체로 존중되고 있다.

세 개의 소나타 Op. 2

[작곡 시기] 1794(혹은 그 이전)-1795년

[초　　판] 1796년 3월. 빈, 아르타리아 사

[헌　　정] 요제프 하이든(Joseph Haydn)

1792년 빈에 정주한 베토벤은 하이든, 알브레히츠베르거, 살리에리 등의 작곡가들 밑에서 작곡에 대한 수행을 쌓는 한편, 기예가 뛰어난 피아니스트로서 세상에 이름을 알리고 있었다. 그런 베토벤에게 필요했던 것은 무엇보다도 작곡가로서 빈을 제패하기 위한 군마가 될 만한 풍부한 자작곡 레퍼토리였다. 실제로 1792년부터 귓병의 징후가 나타난 1800년까지 열한 개의 소나타, 열 개의 변주곡, 세 개의 협주곡이 쓰여졌고, 작곡가 자신이 직접 빈의 청중에게 그 곡들을 소개했다. 베토벤의 개성적인 피아노 연주가 사람들을 매료시켰다는 것은 말할 필요도 없다. 그는 모차르트나 그 일파와는 달리 반드시 세련된 피아니스트라고는 할 수 없었다. 하지만 그 미증유의 표현력은 이 악기의 새로운 가능성을 보여주기에 충분했다.

'세 개의 소나타 Op. 2'의 완성은 1795년 3월로, 베토벤이 빈에서 데뷔한 때와 거의 같은 시기이다. 이듬해 출판된 초판보에서는 옛 스승 하이든에의 헌정이 새겨져 있다. 1795년 8월 20일, 리히노프스키 후작의 저택에서 열린 밤 무도회에서 작곡가가 이 소나타들을 연주한 것을 들은 하이든은 '더 많은 훈련'이 필요하다고 훈계했다고 한다[*3](이 코멘트는 노작곡가의 동요의 감정 표출이 아니었을까? 베토벤을 만난 후 하이든의 피아노 소나타의 작풍은 급격하게 변한다).

이 첫 세 곡은 전체 소나타의 서두를 장식하기에 적합하며, 베토벤의 세 가지 위상—비장함, 우아함, 쾌활함—을 가장 단적으로 보여주는 곡이 되었다. 그의 서른두 개의 소나타는 이 첫 세 곡을 바탕으로 장대한 변용의 프레스코였다고 보는 것도 지나친 해석은 아닐 것이다.

소나타 f단조 Op. 2 No. 1

엄숙함과 비장함이라는 감정 표현은 베토벤의 피아노 음악에서 가장 본질적인 요소이다. 모차르트가 생 종반에 이러한 감정 표현에 이르렀다면, 베토벤은 그것을 기점으로 창작의 발걸음을 시작했다고 볼 수 있다.

f단조라는 조성이 그에게 있어서 종종 격한 감정의 표현과 결부된다는 사실은 《열정》 소나타, 현악 4중주 《세리오소》, 《전원 교향곡》 제4악장 등 나중에 언급할 곡들에서 알 수 있다. 동시에 f단조는 목가적인 F장조나 시적인 A♭장조와 근친조 관계에 있으며, 이 여러 조성의 구성이 이 소나타의 성격을 다채롭게 만들고 있다. 베토벤 자신이 이 작품을 각별히 아낀 것 역시 당연한 일이다.

제1악장 f단조 $\frac{2}{2}$박자 Allegro

소나타 형식. '제시부, 전개부, 재현부' 이 3부의 마디 수는 각각 48마디, 52마디, 52마디이다. 모차르트 소나타에서 3부의 비율 평균이 대략 '2:1:2'였다는 것을 생각해 보면, 전개부에 무게를 둔 베토벤 독자적인 소나타 구성 이념은 이 첫 번째 작품에서 이미 분명하게 드러난다. 한편, 피아노 특유의 서법—넓은 음역의 활용, 옥타브 트레몰로, 동음연타 혹은 화음연타, 강약 대비 등—에는 근대 피아니즘의 아버지인 클레멘티로부터의 영향이 엿보인다.

> **제시부** (마디 0-48). 제1주제(마디 0-14), 추이절(마디 15-20), 제2주제(마디 20-32), 제3주제(마디 33-41), 후주(마디 41-48)
> **전개부** (마디 48-100). 제1악단(마디 48-55), 제2악단(마디 55-67), 제3악단(마디 67-81), 제4악단(마디 81-93), 제5악단(마디 93-100)
> **재현부** (마디 101-152). 제1주제(마디 101-114), 추이절(마디 115-119), 제2주제(마디 119-131), 제3주제(마디 132-140), 후주(마디 140-152)

제시부에서는 제1, 제2주제가 근접해 있다는 사실이 문제가 된다. 고전적 소나타 서법에서는 두 주제 사이에 적당한 길이의 추이절이 들어오는데, 베토벤은 종종 그 추이절을 생략하거나 극도로 단축하는 독자적인 방식을 채택하여 두 주제의 콘트라스트를 확실하게 도모하였다. 그리하여 이 경우에 그는 제3주제를 만들어서 제시부가 왜소해지는 것을 방지했다.

제1주제. 으뜸화음 구성음을 빠르게 뛰어 올라가는 음형(아르페지오)은 만하임악파의 취향을 반영한 것으로 보인다. 제1악구(마디 0-2)에 상박(여린박 혹은 Auftakt)이 있고, 제2악구(마디 3-4)에 상박이 없는 개성적인 선율 서법을 보여준다. 주제는 화성의 걸음조(화성 리듬)를 '2~2~1~1~$\frac{2}{2}$~$\frac{2}{2}$~$\frac{2}{2}$(마디)'로 서서히 줄여서 반종지에 다다른다. 여기에 c단조로 바로 이어지는 방식은 거칠고 대범하지만, 이는 베토벤다운 장면 전환법이다. 제2주제는 제1주제와 대조적인 레가토를 중요시하고 하행 음렬에서 제1주제의 반전이라는 의도를 드러낸다. 왼손으로 연주되는 제3주제의 첫 번째 상박 부분

에 개성적인 억양의 *sf*가 있다.

전개부의 시작에서 제1주제의 악구 단위가 세 마디로 확장되는 모습은 매우 흥미롭다. 마디 73 이후 왼손으로 이어지는 싱커페이션(당김음)은 제3주제에서 유래한다. 왼손의 4분음표 연타(마디 93~)의 위쪽, 제1주제의 일부분을 이룬 돈꾸밈음의 단편이 번개처럼 잠깐 나타나고 재현부가 준비된다.

재현부에서는 제1주제 첫머리의 상박이 삭제되는 점, 그리고 마디 105-108에서 왼손 화음을 강박에 박아 넣는다는 점에 주의해야 한다. 마지막 일곱 마디의 디클라메이션(낭송법)은 젊은 작곡가의 당찬 포부를 보여주기에 충분하다.

제2악장 F장조 $\frac{3}{4}$박자 Adagio

이 느린 악장에 베토벤은 의기양양하게 Adagio라고 썼다. 그것은 안단테도 라르게토도 아닌 절대적이고 틀림없는 아다지오였으며, 깊어 가는 내면을 보여주는 듯한 음조에는 이미 낭만주의의 향기가 짙게 감돌고 있다. 초기 소나타의 많은 느린 악장은 실내악적인 구조를 보이지만 여기서는 장식음 혹은 음계나 분산화음 등이 기교적인 방법으로 빠르게 연주되는 부분 등에서 피아노의 아름다운 성질을 살린 독창성이 발휘되어 마치 쇼팽의 녹턴을 선취한 듯한 한 편의 음악적인 시(Tondichtung)를 다듬어 만들어 낸다. 돈꾸밈음의 우아함을 띤 고상한 선율, 그리고 단조 섹션과의 콘트라스트는 모차르트의 《D장조 소나타 K. 576》(1789) 제2악장의 영향임을 상기시킨다. 하지만 베토벤은 이 아다지오의 원형을 자신의 《피아노 4중주 C장조 WoO 36 No. 3》(1785)에서 이미 보여주고 있다.

리토르넬로풍 설계의 'ABCA´C´'는 3부 구성 'A-BC-A´C´'로서 전체적으로 다시 조망해 볼 수 있다.

> **제1부** (A)(마디 0-16). 제1악단(마디 0-8), 제2악단(마디 8-16)
> **제2부** (마디 16-31). 제1악단(B)(마디 16-22), 제2악단(C)(마디 23-31)
> **제3부** (마디 32-61). 제1~2악단(A´)(마디 32-47), 제3악단(C´)(마디 47-61)

서식은 현악 4중주풍이다. 하지만 마디 35-45 부분의 음의 배열에는 피아노의 매력을 끌어낼 수 있는 여러 가지 요소가 집중되어 있다. 첫머리의 부점 리듬의 모티브가 이 악장의 주요 동기가 된다. d단조의 제2악상(B)에는 제1악상(A)과의 콘트라스트가 의도되어져 있다. 그러나 그 선율은 제1악상(마디 0-2)과 긴밀하게 관계한다. 제3악상(C)에서는 32분음표 분박(이 악장에서는 4분음표 기준의 1박을 32분음표로 분할한 것)이 활발하게 연주된다. 이렇게 작게 세분화된 분박은 베토벤의 느린 악장에서 보이는 개성적인 서법 중

하나이다. 마지막 마디는 현악 합주의 피치카토 뉘앙스와 비슷하다.

제3악장 '미뉴에트' f단조 $\frac{3}{4}$박자 Allegretto

고전파 교향곡 3악장에서 부동의 지위를 얻은 미뉴에트는 본래 규모는 작지만 정중하고 안락한 분위기를 중요시하는 궁정 무곡이었다. 베토벤은 그러한 취지를 거스른 최초의 작곡가 중 한 명이었던 것 같다. 이 곡의 세 번째 악장을 보면, 그 음악적 분위기는 미뉴에트는 이름뿐이고 실제로는 민첩하고, 불온하고, 음울하고, 날카롭고 거칠며, 때로는 야비하기까지 하다. 이러한 성격이 만년에 자주 다루어지는 '스케르초'의 성격과 비슷하다는 것은 두말할 필요도 없다. 그에게 있어 미뉴에트와 스케르초는 종종 그 경계가 애매모호하다.

구조는 무곡형 세도막 형식.

주부 (마디 0-40). 제1악단(마디 0-14), 제2악단(마디 14-28), 제3악단(마디 28-40)

트리오 (마디 40-73). 제1악단(마디 40-50), 제2악단(마디 50-65), 제3악단(마디 66-73)

주부 재현은 다 카포 지시가 있으므로 생략

주부 서식은 2~4성부이다. 첫머리에 상박을 가진 제1악구(마디 0-1)와 상박을 가지지 않는 제2악구(마디 2)와의 관계는 제1악장 제1주제에서의 상박의 관계에 상응한다. 주제는 중간 음역에 6도, 3도의 병행 악구가 이어져 둔탁하고 멜랑콜리한 소리를 만들어 낸다. 베이스의 기묘한 합주(마디 1, 마디 5의 제3박), A♭장조로의 직접 조바꿈(마디 4), 음량 대비(마디 6-10), 강박 강세 *sf*(마디12), 유니즌 연타(동음 연타) *ff*의 습격(마디) 등에 베토벤의 개성이 각인된다. 고개 숙여 절하는 것을 연상시키는 *pp*의 마지막 악구(마디 39-40) 역시 아무리 생각해도 이 작곡가다운 겉으로는 공손하지만 사실은 무례한 태도이다.

트리오는 주부와 대조적으로 레가토 중심의 목가적인 악상으로 채색된다. 서식은 2~3성부이다. 처음에는 바르고 우아한 면모를 지닌 8분음표 악구가 제2악단에서 열기를 띠고, 전 3성부를 끌어 들여 돌림 노래 형태의 스트레토에 이른다.

제4악장 f단조 $\frac{2}{2}$박자 Prestissimo

《월광》의 마지막 악장이나 《열정》의 처음과 마지막 악장에서 작렬하는 질풍노도의 격정은 이 마지막 악장에서 이미 충분히 드러나 있다. 8분음표 셋잇단음표의 돌풍, 감미로운 낭송, *ff*의 절규, *sf*의 경련, *pp*의 속삭임―. 베토벤의 새로운 피아노 표현을 접한 당시 사람들이 얼마나 놀랐을지 상상할 수 있을 것이다.

론도풍 소나타 형식. 제1, 제3부는 두 개의 주제를 가지고 있다는 점에서 소나타 제시=재현부의 체제를 이루지만, 독일 가곡(리트)풍의 새로운 주제를 제시하는 제2부는 소나타 전개부와 분위기가 사뭇 다르다.

제1부 (제시부)(마디 1-58). 제1주제(마디 1-22), 추이절(마디 22-34), 제2주제(마디 34-50), 제3주제(마디 33-41), 후주(마디 50-58)

제2부 (중간부)(마디 59-138). 전반부(마디 59-109), 후반부(마디 109-138)

제3부 (재현부)(마디 138-196). 제1주제(마디 138-161), 추이절(마디 161-173), 제2주제(마디 173-189), 후주(마디 189-196)

제1부. 제1주제에서 나타나는 날카로운 강약 대비는 베토벤의 피아니즘의 전형이다. 주요 동기 a 'f²-e♭²-f²'는 제1악장 말미의 두 마디에서 유래한다. 이는 삽입절(마디 5-13)에서 동음 연타 'e♭²-e♭²- e♭², etc.' (a′)로 음렬을 바꾸고, 조용하고 차분한 3성부 서식을 구성한다. 제2주제는 오른손 옥타브로 연주되는 평온한 선율인데, 그것은 일관된 약한 연주에 제1주제와의 콘트라스트를 제시하는 한편, 상박(4분음표 동음 연타)에 a′의 형태를 가진다.

제2부 전반부는 감미로운 새 주제(제3주제)를 제시한다. 여기서는 A♭장조라는 조성의 서정적인 특성이 잘 발휘된다. 제1박 첫 음이 빠진 왼손의 4분음표 화음연타는 제1주제 a의 리듬을 반영한다. 악절 구조는 점진적인 긴축형 '10+10 / 4+4+8 / 4+4+7마디'(10→8→7)이다. 제2부 후반부에서는 제1주제 a와 제3주제(마디 66-68)에서 유래한 프레이즈가 번갈아 나타난다.

제3부는 제1부의 재현부이다. 제2주제는 f단조이며, 급하강하는 아르페지오에 의해 종결부가 격렬하다.

전작과 선명한 대조를 이루는 경쾌함, 우아함과 아름다움, 그리고 행복. 'f단조 소나타'가 비극적, 서사시적이었다고 한다면 이 소나타는 목가적, 서정시적이다.

그렇지만 베토벤은 단순히 유쾌하고 즐거운 시적 정서에 자신의 악상을 맡기고 만족했던 것은 아니다. 첫 악장과 마지막 악장의 규모 확대, 그리고 제3악장에서의 '스케르초' 기용은 그의 소나타 혁명의 첫걸음이라고 말할 수 있다.

제1악장 A장조 $\frac{2}{4}$박자 Allegro vivace

소나타 형식:

제시부 (마디 0-22). 제1주제(마디 1-32), 제1추이절(마디 32-58), 제2주제(마디 58-82), 제2추이절(마디 83-103), 후주(마디 104-122)

전개부 (마디 122-224). 제1악단(마디 122-161), 제2악단(마디 161-181), 제3악단(마디 181-203), 제4악단(마디 203-224)

재현부 (마디 225-337). 제1주제(마디 225-252), 제1추이절(마디 252-278), 제2주제(마디 278-302), 제2추이절(마디 303-323), 후주(마디 324-337)

제시부. 제1주제는 a(마디 0-8), b(마디 8-20)의 두 악상으로 이루어진다. a는 양손 유니즌으로 나타나며, 도약 하행구 'a²-e²', 활강구 'e¹-d¹-c♯¹- b-a', 딸림7화음 구성음 하행구 'd³-b²-g♯²- e²…'의 세 개의 모티브를 가진다. b는 대조적으로 3성부 서식에 의해 상행 아르페지오의 상박과 스타카토 상행 음계구(b¹)의 두 개 모티브를 가진다. 제1추이절에서는 16분음표 셋잇단음표 상행의 빠른 악구(running passage)와 b¹의 반전 하행구가 대립한다. 제2주제는 자주 조바꿈하는 불안정한 선율이다. 제2추이절에 이르러서야 비로소 E장조가 안정적으로 정립된다.

전개부에서의 A장조 조표를 없앤 것은 원격조 조바꿈을 포기하지 않는 베토벤의 왕성한 전개 의욕이 표출된 듯하다. 전개부의 제4악단은 전부 제1주제의 두 악상(a, b)에 의거한다. 제1악단은 a의 확장 부분에 해당되며, 제2악단에서는 b가 다시 등장한다. 제3악단에서는 b의 첫 두 마디 악구가 3성부의 스트레토 돌림 노래(카논) 형태(1박을 시차로 두고)로 처리된다. 제4악단은 베이스에 딸림음을 고정시킨 재현 준비절이다.

재현부에서는 제1주제 b부분의 전개가 확장된다. 여기에 코다는 붙지 않는다. 마지막 화음의 해학의 여운을 느껴 보자.

제2악장 D장조 $\frac{3}{4}$ 박자 Largo appassionato

화성의 배치, 선율의 분위기, 표현이 풍부한 아티큘레이션. 이는 실내악의 울림을 떠올리게 하는 데 충분하다. 한편 appassionato라는 악상 지시는 나중에 피아노가 획득해야 할 깊은 소리 울림을 예기하는 표현으로도 해석할 수 있다.

리토르넬로 구조('ABACA'). 단락의 구분은 명시되지 않은 채 음악은 일련의 흐름으로서 진행한다.

르프렝(A) (마디 1-19). 제1악절(마디 1-8), 제2악절(마디 8-12), 제3악절(마디 13-19)

제1쿠플레(B) (마디 19-32). 제1악절(마디 19-23), 제2악절(마디 23-26), 제3악절(마디 26-32)

르프렝(A) (마디 32-50). 제1악절(마디 32-39), 제2악절(마디 39-43), 제3악절(마디 44-50)

제2쿠플레(C) (마디 50-67). 제1악단(마디 50-57), 제2악단(마디 58-68)

르프렝(A´) (마디 68-75). 후주(마디 75-80)

르프렝(A). 제1악절은 중후한 4성부 서식. 위의 세 개 성부의 테누토와 아래 성부의 피치카토풍의 스타카토와의 대비가 현악 앙상블이 창출해 내는 사운드 이미지를 환기시킨다. 제2악절에서는 제1악절 주선율의 음렬(f♯¹-e¹-f♯¹)을 받는 프레이즈 'a¹-g♯¹-a¹'가 트릴 장식을 달고 두 바깥 성부에 울려 퍼진다.

제1쿠플레(B). 제1악절에는 르프렝 제2악절의 영향이 관찰된다. 제3악절에서는 무겁고 차분한 8분음표 화음의 연타 위쪽에서 고상한 선율이 깔린다.

제2쿠플레(C). 르프렝 첫머리 구의 위협적인 강한 연주 $\textit{ff}$(d단조) 뒤에 오는 B♭장조 조바꿈은 본래 경과적이어야 하지만, 베토벤은 그 으뜸화음을 길게 유지하고 왼손에 3옥타브 음계의 등반을 부여해 음악의 긴장감을 높였다.

제3악장 '스케르초' A장조 $\frac{3}{4}$ 박자 Allegretto

베토벤이 자유자재로 다룰 수 있는 '스케르초'의 첫 등판이다. 그러나 템포 지정은 '알레그레토'여서 훗날의 스케르초에서 보여지는 것과 같은 공격적으로 빠른 속도는 아니다. 음악적 성격도 날카롭고 예리하게 내닫지 않고, 오히려 사랑스럽고 우아한 정서를 유지한다. 'f단조 소나타'의 '미뉴에트'가 스케르초적이었다고 한다면, 여기서의 '스케르초'는 미뉴에트적이라고 할까.

그렇지만 스케르초만의 '해학'의 위트는 이 악장 도처에 그 얼굴을 내비치고 있다. 그것은 $\textit{ff}$라는 격앙(마디 17)이며, $\textit{\textbf{p}}$라는 몹시 풀이 죽은 모습, g♯단조의 흐느낌(마디 19-25), 감속이라는 술수(마디 25-31), $\textit{ff}$의 구타에 의한 녹아웃이며(마디 43-44), 게다가 중간부의 기묘하게 단조로운 악상 그 자체이다. 이러한 '예의 없는 태도'가 바로 베토벤의 스케르초가 가진 매력이다.

주부 (마디 0-44). 제1악단(마디 0-8), 제2악단(마디 8-19), 제3악단(마디 19-31), 제4악단(마디 32-44)

중간부 (마디 44-68). 제1악단(마디 44-52), 제2악단(마디 52-60), 제3악단(마디 61-68)

주부 재현은 다 카포 지시가 있으므로 생략

주부. 종소리를 닮은 섬세한 분산화음구(a)가 곡의 시작을 연다. 마디 3-4 및 마디 7-8 부분의 네 개의 4분음표 악구를 b라고 한다. 제2악단에서는 a가 왼손으로 위치가 바뀐다. 제3악단의 애조 띤 가락은 b에서 파생한 것이다. 머지않아 4성부의 화성으로 바뀌고, 위의 두 성부에 b의 첫머리 세 음을 회상시키는 소리가 울린다.

중간부(Minore). 서식은 3(2)성부. 오른손은 4분음표 선율을 두 성부로 나누어 배정하고, 왼손은 8분음표 반주로 일관한다. 제1, 제2악단에서 주선율은 오른손 알토 성부에 있으며, 소프라노는 단편적 대선율을 던진다. '1+1+1+1+4마디'의 프레이징에 주의해야 한다.

제4악장 '론도' A장조 $\frac{4}{4}$ 박자 Grazioso

이 악장에서 우리는 젊은 베토벤의 매력적인 미소를 맞이하게 된다. 그는 악장 첫머리에 Grazioso라는 한마디를 새겨 넣었을 뿐인데, 그 한마디는 템포, 악상에서부터 터치의 뉘앙스, 페달의 가감, 아티큘레이션, 아고긱에 이르기까지 연주의 모든 디테일한 부분을 다 말해 주고 있는 것 같다. Grazia(상냥함, 사랑스러움)는 반드시 모차르트나 슈베르트 특유의 성격인 것은 아니다. 베토벤의 본질인 휴머니티는 항상 이 Grazia에 함축된 소리의 성격을 가진다. 작곡가의 체온을 친밀하게 전하는 이 소리 울림으로 그의 피아노는 우리에게 노래하며 다가온다. 이 론도의 맑고 명랑한 웃음은 음악가 베토벤의 가장 귀중하고 소중한 자질인 것이다.

전형적인 론도 형식 'ABACA′B′A′′C′A′′′'이다. 그러나 제2쿠플레(C)가 곡 중앙에서 독립된 긴 섹션을 이루고 있기 때문에 '주부(ABA)/중간부(C)/재현부(A′B′A′′)/코다(C′A′′′)'라는 큰 3부 형식으로 보는 것도 가능하다.

> 르프렝(A) (마디 1-16), 추이부(마디 16-26), 제1쿠플레(B)(마디 26-40), 르프렝(A)(마디 41-56)
>
> 제2쿠플레(C) (마디 56-99). 제1악단(마디 56-66), 제2악단(마디 66-79), 제3악단(마디 79-92), 후주(마디 92-99)
>
> 르프렝(A′) (마디 100-115), 추이부(마디 115-123), 제1쿠플(B′)(마디 124-135), 르프렝(A′′)(마디 135-148)
>
> 추이부 (마디 148-160), 제2쿠플레(C′)(마디 161-172), 르프렝(A′′′)(마디 173-187)

르프렝(A)은 세 악절(a b a′) 각 16마디의 명쾌한 유절 구조를 이룬다. a, a′ 악절은 '선율(오른손)+8분음표 반주(왼손)'의 2성부 서식이고, b악절은 4성부 서식이다. a악절 첫 부분의 상행 아르페지오는 일종의 즉흥이다. 그것은 에튀드적으로 날카롭게 발산하는 것이 아니라, 봄바람처럼 부드럽게 건반 위를 스쳐 지나가는 것이 아니면 안 된다. 이 아르페지오를 순식간에 뒤집어엎는 듯한 13도(!)의 함몰(마디 2의 첫박) 또한 웅장하다. b악절(마디 8-12)에서는 8분음표로 시작하는 짧은 악구가 소프라노~알토~테너~베이스에 모방적으로 울려 퍼진다.

추이부는 모차르트를 향한 경애의 표시인 듯하다. 왼손과 오른손의 시냇물이 흐르는 듯이 빠르게 달리는 16분음표의 사랑스러운 주법에는 dolce라는 수식어가 참 잘 어울린다.

제1쿠플레(B)는 E장조. 오른손이 원만하고 차분한 새 주제를 연주한다.

제2쿠플레(C)는 a단조. 레가토 중심의 주부(A, B)에 대한 안티테제이다. 스타카토로 연주되는 8분음표 셋잇단음표구와 밀집 화음으로 강타되는 행진곡풍의 리듬구(c 2)가 대치된다. 제2악단에서는 레가토(pp)의 터치(음량) 변화가 요구된다.

르프렝(A′)은 네 옥타브 반에 걸친 상행 음계의 활주구(마디 100-101)로 시작한다. 이는 대담한 착상이다.

제1쿠플레(B′)는 A장조. 르프렝(A′)은 정식의 종지로 마치지 않고, F장조로의 탈선을 보여준다. 제2쿠플레 재현(C′)은 B♭장조. 마지막의 르프렝(A′′′)의 가성은 마디 177-178에서 극도로 우아하고 온화하다. 아무렇지도 않은 듯한 작별 인사는 연주자에게 랄렌탄도라는 안이한 감상을 허용하지 않는다.

소나타 C장조 Op. 2 No. 3

소나타의 규모 확대와 피아노의 기술 혁신에 대한 베토벤의 탐구는 이 소나타에서 첫 번째 절정을 맞이한다. 전작인 'A장조'에 비교해 보면 조금 거칠고 조잡한 감도 있지만, 협주곡 양식의 채용이나 새로운 조성 이념의 실천에 의해 피아노 소나타의 시야가 갑자기 넓어졌다. 여하튼 연주 기교의 약진이 눈부시다. 중음, 도약, 트릴, 옥타브, 넓은 아르페지오, 두꺼운 화음, 강약 대비, 양손 교차—이러한 기법은 모차르트의 경우에는 악상에 종속하는 입장이며, 클레멘티의 경우에는 악상을 이끄는 입장에 있었으나, 베토벤은 이 소나타에서 연주 기법과 악상을 대등한 것으로 보고, 양자의 팽팽하고 높은 긴장감을 유지시켰다.

제1악장 C장조 $\frac{4}{4}$ 박자 Allegro con brio

모차르트의 마지막 교향곡 부제《주피터》는 (그것이 작곡가 자신이 붙인 이름이 아니라 해도) C장조라는 조성의 이미지를 상징하는 말로서 설득력이 있다. 전능한 신의 위엄, 포용력, 완력—베토벤은 이런 이미지를 훨씬 더 현실감 있는 피아노 소리로 옮기고, 그 성격을 con brio라고 서술하였다. 이 강력한 소리는 이후의《C장조 협주곡 Op. 15》,《소나타 '발트슈타인' Op. 53》,《c단조 교향곡 Op. 68(마지막 악장)》,《'레오노레 서곡' Op. 72b》,《디아벨리 변주곡 Op. 120》으로 이어지는 C장조 작품의 계보의 기점이 된다.

소나타 형식:

제시부 (마디 1-90). 제1주제(마디 1-13), 제1추이절(마디 13-26), 부주제(마디 27-39), 제2추이절(마디 39-46), 제2주제(마디 47-60), 제3추이절(마디 61-77), 후주(마디 77-90)

전개부 (마디 90b-138). 제1악단(마디 90-108), 제2악단(마디 109-138)

재현부 (마디 139-217). 제1주제(마디 139-155), 제1추이절(마디 155-160), 부주제(마디 161-173), 제2추이절(마디 173-180), 제2주제(마디 181-194), 제3추이절(마디 195-211), 후주(마디 211-217)

코다 (마디 218-257). 제1악단(마디 218-232), 제2악단(마디 233-257)

제시부. 자신감과 행복감으로 가득 찬 으뜸화음. 그 완전한 소리의 울림 속에서 3도 중음에 의한 제1주제가 약동한다. 'T-D, D-T(닫힘-열림, 열림-닫힘)'라는 첫 네 마디의 명쾌한 화성 구조는《주피터》교향곡은 말할 것도 없이 베토벤 자신의《C장조 협주곡 Op. 15》의 첫 부분의 화성 구조와도 일치한다. 약박의 *sf*(제9마디에서 처음 등장함)로부터 유발된 싱커페이션은 이 악장에 개성적인 풍미를 더해주는 역할을 한다. 제1추이절에서 작렬하는 16분음표 분산화음은 베토벤에게 있어 전형적인 열광의 표현이다. g단조로 시작하는 새로운 주제는 정식의 제2주제가 아니라 제2주제에 앞선 선율적 즉흥(부주제)에 불과하다. 진정한 제2주제는 G장조이다. 그것은 왼손과 오른손이 주고받는 부드럽고 즐거운 기분으로 가득 찬 대화이다. 제3추이절에서 후주까지는 분산화음, *sf*의 강세, 싱커페이션, 경련과 같은 트릴, 분산 옥타브 등 야성적이라고도 말할 수 있는 피아노 연주법이 연이어 반복된다.

전개부의 규모는 제시부의 약 절반 정도이다. 베토벤의 소나타 전개부로서는 규모가 작으며, 그 주제 전개 수법은 논리적이라기보다는 즉흥적이다. 제1악단은 트릴 악구에 의해 소개된 후, 16분음표 분산화음의 잇달아 일어나는 *ff*로 넘어 간다. 대담한 조바꿈을 거쳐 제2악단에서는 제1주제가 D장조에서 출현한다. 그 후 제1주제로부터 유래한 두 개의 모티브(a. 네 개의 16분음표+두 개의 8분음표, b. 상행 도약하는 옥타브 음)가 반복(a), 돌림 노래 연주(b)의 전개에 이른다.

재현부. 제1주제에는 b와 그 대선율에 의한 2성부 서식의 에피소드가 마련된다. 후주는 C장조의 완결을 앞두고 A♭장조로 향한 충격적인 조바꿈을 한다.

코다는 전 40마디로 길다. 이는 소나타 악장의 구성이 3부(제시, 전개, 재현)에서 4부(제시, 전개, 재현, 코다)로의 변환된 첫 실례의

하나이며, 이 경우 코다는 제2전개부의 역할을 담당하는 것이 된다. 오르간 환상곡풍의 신비로운 분산화음이 A♭장조에서 f단조, c단조를 거쳐 으뜸조(A♭장조)로 돌아간다. 46도 전회 으뜸화음 위의 카덴차(제1주제 a를 포함한다)(마디 232)는 바로 협주곡 양식을 모방한 것이다.

제2악장 E장조 $\frac{2}{4}$박자 Adagio

장조에서 E장조로. 온음 2개(장3도)의 조바꿈은 베토벤이 좋아하는 수법이었다. 특히 E장조라는 조성은 베토벤의 경우에 명상적인 성질을 띤다. 비슷한 예로《c단조 협주곡 Op. 37》제2악장,《e단조 소나타 Op. 90》제2악장,《E장조 소나타 Op. 109》등을 떠올릴 수 있겠다.

순환 2부 형식 'ABA′B′A″'. 르프렝(A)은 부자연스러울 정도로 짧다. 마치 쿠플레(B)가 주인공이고, 르프렝(A)은 그 전주곡=간주곡=후주곡에 불과한 것처럼 느껴질 정도다.

르프렝(A) (마디 1-10)

쿠플레(B) (마디 11-42). 제1악단(마디 11-18), 제2악단(마디 19-25), 제3악단(마디 26-36), 제4악단(마디 37-42)

르프렝(A′) (마디 43-54)

쿠플레(B′) (마디 55-66), 제1악단(마디 55-58), 제2악단(마디 59-66)

르프렝(A″) (마디 66-77). 후주(마디 77-82)

르프렝(A)의 서식은 현악 4중주풍이다. 한 마디씩 구분되는 네 개의 악구 중 처음 두 개는 한 박의 맨 처음에 시작하고, 다음 두 개는 16분음표 상박에서 시작한다. 이 둘의 차이는 매우 흥미롭다. 후자는 나중에 싱커페이션 악구(a)(마디 6-9)를 불러들인다.

쿠플레(B)는 르프렝의 3배의 길이에 이르는 드라마틱한 섹션이다. '베이스 옥타브(왼손): 분산화음(오른손)'이라는 서식은 진부하지만, 왼손은 베이스를 담당하는 것에 만족하지 못하고, 오른손을 가로질러 고음역에 단편적인 선율을 연주하기 시작한다. 제1악단의 분절은 '3+5(마디)'. 제2악단에 나타나는 한숨과 같은 싱커페이션 구는 a에서 유래한다.

르프렝(A′)은 E장조 종지를 완수하지 못하고, C장조로의 위장 종지에 굴복하여 첫 악구의 기습 *ff*(마디 53-54)를 받는다. 이는 제1악장 첫 악구(마디 1-4)의 변주=회상과 다름없다!

쿠플레(B′)는 B의 단축된 재현이다. 제2악단에서는 싱커페이션 구가 유달리 감미로운 소리 음률을 발산한다.

제3악장 '스케르초' C장조 $\frac{3}{4}$ 박자 Allegro

전형적인 스케르초이다. 음악 작품이 단순히 즐겁고 아름다운 정취뿐만 아니라 신랄한 정동이나 거칠고 세련되지 않은 동작을 표현하는 것에 의해서도 성립하는 사실은 이미 라모나 하이든 등에 의해 제시되었지만, 베토벤만큼이나 철저하게 그 사실을 증명하려고 노력한 음악가는 없다. 그는 감정의 변화를 동반하는 높아지는 고동, 웃음, 분노, 한탄, 그 외에도 수많은 보디랭귀지를 누구보다도 정밀하고 확실하게 그리고 생생하게 음악화하였다. 그의 스케르초는 늘 이러한 인간 묘사의 묘미로 가득 차 있다.

주부 (마디 0-64). 제1악단(마디 0-16), 제2악단(마디 16-39), 제3악단(마디 39-64), 제4악단(마디 32-44)

트리오 (마디 65-105). 제1악단(마디 65-72), 제2악단(마디 72b-88), 제3악단(마디 88-105)

주부 재현은 다 카포 지시가 있으므로 생략. 코다(마디 106-128)

주부. 첫 부분 음렬 'g²-f♯²-g²-a²-g²-f♯²'는 제1, 제2악장 각각의 첫 부분 음렬과 상통한다. 주제는 단계적으로 도입하는 방식(높은 성부~중간 성부~낮은 성부)으로 처리된다. 곧이어 왼손은 낮은 성부로, 오른손은 높은 성부로 펼쳐지고, 음량을 높여 G장조로 종지한다. 제2악단에서는 단조로 향해 가는 경향이 강해진다. 'a♭'으로의 하향 변위(a에서 a♭으로 반음 내린 것)가 악마의 웃음을 연상시킨다. 주부 말미에 이르러 이 하향 변위는 'd♭'에도 일어난다.

트리오. 베토벤은 여기에 품위가 없는 피아노 연습곡풍의 아르페지오를 끝없이 이어 붙였다. 이는 일종의 풍자일 것이다. 그는 비예술적인 것의 비예술성을 억지로 드러나게 하는데, 그러한 악취미를 비웃는 스케르초의 면모는 여기에서 극에 달한 느낌이 든다. 오른손은 8분음표 셋잇단음표의 아르페지오 아치를 연결하고, 왼손은 옥타브로 화성을 유지한다. 왼손 음렬(마디 73-77에 처음 등장함)이 주부 마디 5-8의 오른손 음렬과 유사한 것은 물론 의도된 것이라고 볼 수 있다. 트리오 첫 부분에서 부재하는 4분음표 상박이 반복할 때에 보충된다. 베토벤은 이 트리오에서 상박의 유무를 통일하지 않고 있다.

주부가 다시 한번 연주된 후의 코다에는 최상의 유머가 돋보인다. 위협적인 양손 옥타브구 $f\!f$가 세 번째 반복되고, 하향 변위음(반음 내린 음)이 된 4분음표구(스케르초 주제)가 저음역에서 집요하게 불평을 말한다. pp의 중얼거림에 불손한 비웃음을 남기며 음악은 멈춘다.

제4악장 C장조 $\frac{6}{8}$ 박자 Allegro assai

론도 형식 'ABA′CA″B′A‴'.

르프렝(A) (마디 1-29). 제1악단(마디 0-8), 제2악단(마디 8-18), 제3악단(마디 19-29)

제1쿠플레(B) (마디 29-55[sic. 69]). 제1악단(마디 28[sic. 29]-39), 제2악단(마디 39-54), 제3악단(마디 55-69)

르프렝(A′) (마디 69-102). 제1악단(마디 69-76), 제2악단(마디 76-86), 제3악단(마디 87-102)

제2쿠플레(C) (마디 103-181). 제1악단(마디 103-118), 제2악단(마디 119-134), 제3악단(마디 135-147), 제4악단(마디 147-167), 제5악단(마디 167-181)

르프렝(A″) (마디 181-217). 제1악단(마디 181-196), 제2악단(마디 196-206), 제3악단(마디 207-217)

제1쿠플레(B′) (마디 217-258). 제1악단(마디 217-227), 제2악단(마디 228-244), 제3악단(마디 245-258)

르프렝(A‴) (마디 259-312). 제1악단(마디 259-281), 제2악단(마디 281-297), 제3악단(마디 298-312)

르프렝(A). 6도 전회 밀집 화음의 순차 상행 악구와 그 정점에 위치하는 장단격(트로우케일) 리듬 악구(a)가 번갈아서 주요 악상(제1악단)을 이룬다. 'T-D, D-T'의 화성형은 제1악장 제1주제와 대응을 이룬다. 부악상(제2악단)은 오른손의 16분음표의 빠른 악구이다. 왼손의 화성 반주('f¹-e¹-d¹')(마디 9-10)에서 a음렬의 여운을 듣는다.

제1쿠플레(B)는 레가토의 하행 음형이라는 점에서 르프렝과 대비된다. 제45마디 이후의 왼손 16분음표 반주가 멈추고, 흥이 가신 양손 유니즌의 8분음표구가 기복이 심한 선을 따라 저음역으로 떨어진다.

제2쿠플레(C). 밀집 화음을 자연스럽게 이어서 코랄풍의 선율이 가로놓인다. 마디 105의 리디안 변위(오른손 b¹)를 잘 음미하여 읽어 보자. 평온한 악상에 8분음표구와 싱커페이션 음악구가 침입하여 서서히 파동을 높인다. 마디 119-120의 음렬 'b♭-a-g'는 a에서 유래한다.

마지막의 르프렝(A‴)은 코다=전개부. 길게 연쇄하는 트릴은 《발트슈타인 Op. 53》 마지막 악장이나 《c단조 소나타 Op. 111》 마지막 악장의 서식을 선취한 것이다. 변화무쌍하게 조바꿈하는 6도 화음악구(마디 269-272) 뒤에 일단 C장조 종지로 마무리된다. 그러나 그에 만족하지 않은 베토벤은 다시 한번 길게 늘어지는 트릴을 사용한다. 물음표의 뉘앙스를 남긴 채 멈추는 그 가늘게 떨리는 움직임. 답답한 침묵을 뒤로하고 르프렝이 우아한 A장조(!)로 들려온다. 이어서 불안한 a단조로―. 긴 감속 이후, 옥타브 음계구 **_ff_** 가 둑을 뚫고 덮치듯이 C장조로 결말을 맺는다.

소나타 E♭장조 Op. 7

[작곡 시기] 1796–1797년

[초   판] 1797년 10월. 빈, 아르타리아 사

[헌   정] 바베테 폰 케글레비치(Babette von Keglevics) 백작 영양

베토벤은 이 소나타 초판의 첫 장에 '그랜드 소나타(Grande sonata)'라는 자긍심 높은 타이틀을 내걸었다. 실제 이 작품의 훌륭한 구조는 그 이름에 부끄럽지 않게 연주 소요 시간은 서른두 개의 소나타 중《함머클라비어 Op. 106》다음으로 길다. 여기서는《C장조 소나타 Op. 2 No. 3》의 규모와 기교가 계승되는 한편, 음악의 위풍에 이 작곡가만이 가지고 있는 서정주의라는 은은한 향기를 더하고 있다.

제1악장 E♭장조 $\frac{6}{8}$ 박자 Allegro molto e con brio

제시부 (마디 1-136). 제1주제(마디 1-24), 추이절(마디 25-40), 제2주제(마디 41-59), 제3주제(마디 59-92), 후주(마디 93-136)

전개부 (마디 137-188). 제1악단(마디 137-153), 제2악단(마디 153-168), 제3악단(마디 169-188)

재현부 (마디 189-323). 제1주제(마디 189-215), 추이절(마디 215-220), 제2주제(마디 221-239), 제3주제(마디 239-272), 후주(마디 273-323)

코다 (마디 323-362). 제1악단(마디 323-339), 제2악단(마디 339-351), 제3악단(마디 351-362)

제시부. 제1주제에는 베토벤의 주제 구축 방법의 전형이라고 할 만한 테제(a)와 안티 테제(b) 사이의 호응을 볼 수 있다. a는 으뜸화음의 구성음을 하행하는 두 개의 대범하고 느긋한 프레이즈, b는 세세한 8분음표의 연쇄구이다. 추이절에서는 a와 장단격(4분음표~8분음표)의 리듬구가 강약으로 호응한다. 제2주제는 B♭장조. 선율(왼손)은 제2박에서 개성적이고 돌발적인 도약의 **_sf_** 를 표현한다. 제3주제는 코랄풍의 화성 서식에 노스탤직한 서정을 채우고 다시 연주될 때에는 8분음표구(c)의 변주곡 형태를 띤다. 이 c구가 곧 연주의 전면에 등장해 활기를 불어 넣는다. 감7화음의 **_ff_** 연타(마디 79-80)는 이 소나타를 작곡한 베토벤이 대단한 흥분 상태에 있었다는 것을 말한다[*2]. 후주에서는 유니즌의 강한 연주, 반음계의 빠른 악구, 분산 옥타브, 트레몰로 등 힘찬 연주법이 잇달아 반복된

다. 마디 111-127은 기묘하고 떠들썩한 소란의 시간이다. 오른손 트레몰로에는 하향 변위음의 멜랑콜리가 흐르고, 왼손은 싱커페이션의 분절에 토닉(으뜸음)인 'b♭'을 길게 펼친다. 이 싱커페이션의 첨가는 마지막 열 마디에 이르러 훨씬 신랄한 것이 된다.

제시부의 규모가 커진 대신에 전개부는 규모가 작고, 거의 대부분 단조로 채워진다. 제1악단(c단조~f단조)은 제1주제 a, b에 의한 전개이다. 제2악단(f단조~g단조)에서는 싱커페이션 악구(d)가 사용된다. a단조를 향한 크로매틱(반음) 이행이 마치 아름다운 회화와 같다. 제3단락은 a단조~d단조. 제1주제 a 뒤에 즉흥적인 새로운 선율이 나타난다(마디 173~). 이 선율을 듣고 제시부 마디 81-84 부분과의 화성적 연관을 발견할 수 있다.

재현부에서는 제1주제부~추이절 및 후주에 변화와 단축이 있다.

코다. 제2주제의 회상이다. d구의 활발한 대위법 이후에 싱커페이션의 변화를 두고 제1주제 a의 재현(마디 351~)으로 넘어간다. 거기서는 오른손 분절이(첫머리와 비교해서) 오른쪽으로 한 마디 이동하는 점에 주의하자. 이것에 의해 생기는 좌우의 분절의 어긋남이 음악의 긴장을 야기하고 마지막으로 크레셴도에 대한 충동을 부추긴다.

제2악장 C장조 $\frac{3}{4}$ 박자 Largo con gran espressione

숭고한 정취로 가득 채운 이 페이지는 초기 소나타 느린 악장의 기념비적인 존재이다. 교향적이라고 할 만한 악상의 확대, 저음의 울림에 신뢰를 둔 폭넓은 화성의 배분에는 중, 후기 작품의 느린 악장의 이상이 투영되어 보인다.

E♭장조 소나타에서의 C장조 악장의 설치는 의외이다. C장조의 라르고―베토벤은 여기에 전작(Op. 2 No. 3)에서 다 표현하지 못했던 '느긋하고 유유자적한 주피터'의 모습을 그리려고 했는지도 모른다.

르프렝(A) (마디 1-24). 제1악절(마디 1-8), 제2악절(마디 8-14), 제3악절(마디 15-20), 제4악절(마디 20-24)

쿠플레(B) (마디 25-41). 제1악절(마디 25-28), 제2악절(마디 29-32), 제3악절(마디 33-36), 제4악절(마디 37-41)

르프렝 거짓 재현(마디 42-50)

르프렝(A´) (마디 51-74). 제1악절(마디 51-58), 제2악절(마디 58-64), 제3악절(마디 65-70), 제4악절(마디 70-74)

쿠플레(B´) (마디 74-78). 코다(마디 78-90)

순환2부 형식의 르프렝 'ABA´B´코다'이지만, 거기에는 A를 제1주제, B를 제2주제로 삼는 소나타의 취지가 보인다.

르프렝(A). 중간 음역과 낮은 음역에 중후한 화음(4~6성부)이

펼쳐진다. 맨 앞의 네 마디 프레이즈는 쉼표에 의해서 더욱 단편화된다. 이 쉼표의 표현력은 설득력 있다. 제2악절(G장조)에서는 첫박에 할당된 부점 리듬(제1악절 제2, 4마디에서 유래함)이 무곡적 성격을 암시한다. 오보에의 뉘앙스를 띤 선율은 다양한 표정을 가진 돈꾸밈음으로 낭만적인 풍취를 표현한다. 제3악절에는 현저한 음량 변화가 일어난다. *ff*에 도달해 잠시 정체한 후 복부점 리듬의 종지구가 연결된다.

쿠플레(B). 앞의 정체의 율동을 받은 새로운 선율이 피치카토풍의 16분음표 반주 위에 펼쳐지고 활발한 조바꿈이 이루어진다(A♭장조~f단조~D♭장조~e♭단조~f단조~c단조). 제4악절에서는 르프렝이 고음역에서 거짓 재현된다(B♭장조).

르프렝(A′)에는 변주가 있다. 쿠플레 재현(B′)은 C장조. 선율의 위치가 왼손 테너 성부로 이동하고 오른손에 장식이 곁들여진다. 크로매틱으로 하행하는 베이스의 무거운 발걸음 위에 르프렝 주선율이 다시 등장하고, 앞에 한 번 나왔던 것을 회상시키는 듯한 돈꾸밈음으로 표현하여 차분하게 끝을 맺는다. 빈번한 강약의 대비가 베토벤 연주 표현의 세심하고 꼼꼼함을 말해 준다.

제3악장 E♭장조 $\frac{3}{4}$박자 Allegro

곡의 종류는 지정되어 있지 않다. 주부(A)는 미뉴에트적이고 중간부(B)는 스케르초적이다. 베토벤의 결심은 이 둘 사이에서 흔들리는 듯하다. 엘레강스와 아이러니의 절묘한 균형은 옛 스승 하이든의 작품을 연상시키기도 한다.

    주부(A) (마디 1-95). 제1악단(마디 1-24), 제2악단(마디 25-42), 제3악단(마디 43-69), 제4악단(마디 70-86), 후주(마디 86-95)

    중간부(B) (마디 95-149). 제1악단(마디 95-111), 제2악단(마디 111-124), 제3악절[sic. 제3악단](마디 124-138), 후주(마디 138-149)

    주부 재현(A)은 다 카포 지시가 있으므로 생략

주부(A). 제1악단. 형식은 실내악적 4성부이다. 으뜸화음 구성음을 따라가는 선율(a)은 클라리넷 또는 호른의 목가적인 음색을 방불케한다. 마디 3-4의 윗성부의 특징적인 음형(b)은 이후 여러 곳에서 변형되어 전개될 것이다. 제2악단. a의 카논풍의 2성부 돌림노래 연주가 f단조로 끝나며, 중고음역에 밀집하는 세 성부에서 구슬픈 노랫소리가 울린다.

제3악단에서 주선율은 e♭단조~C♭장조로 변해 갑자기 수심이 깊어진다. 레가토로 연주되는 4성의 화성적 에피소드는 불가사의한

다른 공간이다. 제4악단. 4분음표의 도미넌트 연타를 축으로 b 단편이 상하의 성부에서 선창에 맞추어 노래한다. 이 서식은 제2악장 마디 78-82부분과 대응하고 있다. 후주의 4분음표 악구에는 마디 4-6의 주선율 부분의 기복이 반영된다.

중간부(B)는 e♭단조. 주부와 대조적인 피아니스틱한 서식으로 이루어져 있다. 8분음표 셋잇단음표에 의한 분산화음 연주가 양손에 퍼져나가며, 그 소란스러움 속에서 멜랑콜리한 선율이 떠오른다. 이 부분은 *pp*의 중얼거림, *ffp*의 경련, 크레셴도의 끝에 나타나는 *p*, 궁극의 약한 연주인 *ppp* 등 베토벤만의 강약법에 대한 창의력으로 가득하다. 후주에서는 오른손에 외롭고 공허한 선율이 흐른다. 예민한 감성을 가진 사람이라면 이 불가사의한 가락 'g♭¹-f¹-e♭¹-d¹-e♭¹-f¹-b♭¹'에, b음렬(g²-f²-d²-e♭²-g²-b♭¹)의 모습을 발견할 수 있을 것이다.

제4악장 '론도' E♭장조 $\frac{2}{4}$박자 Poco allegretto e grazioso

Poco allegretto란 상당히 핵심을 찌르는 말로써 그 어감은 '다소 조금 빠르게'라기보다는 '오히려 조금 느리게'에 가깝다. 마지막 악장의 비알레그로 설정은 후기 소나타(Op. 90, 109, 111)에의 포석으로 기억해야 할 것이다.

좌우 동형의 론도 형식 'ABA′CA″B′A‴코다'이다. 모든 악상은 그 기점을 상박에 둔다. 이 모두 하박 기점에 있었던 제1악장~제3악장의 악상과의 콘트라스트로서 효과적이다.

    르프렝(A) (마디 0-16). 제1악절(마디 1-8), 제2악절(마디 8-12), 제3악절(마디 12-16), 추이부(마디 16-36)

    제1쿠플레(B) (마디 36-50). 제1악절(마디 36-40), 제2악절(마디 40-50)

    르프렝(A′) (마디 50-63). 제1악절(마디 50-58), 제2악절(마디 58-63)

    제2쿠플레(C) (마디 64-93). 제1악단(마디 64-71), 제2악단(마디 72-81), 제3악단(마디 81-88), 후주 추이절(마디 88b-93)

    르프렝(A″) (마디 93-109). 제1악절(마디 93-101), 제2악절(마디 101-105), 제3악절(마디 105-109), 추이부(마디 109-129)

    제1쿠플레(B′) (마디 129-142). 제1악절(마디 129-133), 제2악절(마디 133-142)

    르프렝(A‴) (마디 142-166). 제1악절(마디 142-150), 제2악절(마디 150-154), 제3악절(마디 155-166)

    코다 (마디 166-183)

르프렝(A)의 서식은 4개의 성부로 이루어진다. 테너의 음역에 도

미넌트 'b♭'음이 16분음표의 연타로 앙상블의 중심축을 이룬다. 완만한 하행선을 보여주는 주선율의 온화하고 기품 있는 모습은 엠마누엘 바흐의 양식을 떠올리게 한다. 제1, 2, 4마디의 각 제1박 부분의 여성종지 음형(두 개의 순차 하행 8분음표)을 a, 32분음표의 상행구를 b로 한다. 추이부에서는 베이스 b+a(*f*)와 소프라노 a(*p*)와의 대화가 펼쳐진다.

제1쿠플레(B)는 B♭장조이다. 트릴을 포함한 악구의 리듬 구조는 르프렝에서 유래한다. 제2악절에서는 좌우의 손에 가련하고 애처로운 메아리가 오간다.

르프렝(A′)의 말미 제62마디의 2분음표 'b♭'보다 다음 마디의 'b'로 향한 크레센도는 관현악적인 발상이다.

제2쿠플레(C)는 c단조이다. 이는 르프렝~제1쿠플레의 행복한 음조와의 콘트라스트로서 강한 인상을 가진 장면이지만, 그 에튀드 풍 서식은 딱딱하고 틀에 박힌 것이며, 진정한 베토벤적인 열정의 표현으로 보기는 어렵다(이 평범한 악상이 악장의 마지막 페이지에 다시 나타나서 비범한 소리를 만드는 마술을, 우리는 아직 알지 못한다―). 32분음표의 음형이 좌우의 손에 분배되고, 그에 대립하는 손이 소리 뭉치와 같은 화음을 스타카토로 강타한다. 후주 추이절에서는 베이스에 'b♭→b'의 위치 변화가 등장하고 E♭장조가 돌아온다. 이러한 조바꿈 방식은 제2쿠플레 직전(마디 62-63)의 위치 변화 'b♭→b'의 역전 바로 그것이다.

르프렝의 재현(A″)에는 장식적 변주가 첨가된다. 추이부는 일단 f단조로 벗어났다가 E♭장조로 돌아온다. 제1쿠플레 재현(B′)은 E♭장조이다.

마지막의 르프렝(A‴)에서는 조금 전의 제2쿠플레(c단조)를 이끈 'b♭→b'의 위치 바꿈이 이번에는 E장조를 불러 들여 청자가 생각지도 못한 자극을 준다.

코다―이 감미로운 결말이 그 소란스러운 제2쿠플레(C)의 변형이라는 것을 그 어느 누가 바로 간파할 수 있겠는가. 제2쿠플레에서 야성적으로 건반을 힘껏 내리치던 베토벤이 여기서는 같은 서식 위에 멍하니 넋을 잃고 꿈을 꾸는 듯한 하프의 선율을 얹어 우리를 부드러운 미소의 눈빛으로 감싸 안으며 소나타의 막을 조용히 내리려 하고 있다. 거기에 있는 것은 *ff*의 축포가 아닌 *pp*의 미풍이다. 우리는 이 마지막 장에서 만난 베토벤의 인간성의 깊음과 그 피아노의 표현의 풍부함에 대해 다시 한번 생각해 보지 않을 수 없을 것이다.

세 개의 소나타 Op. 10

[작곡 시기] 1797–1798년

[초　　　판] 1798년 9월. 빈, 에델 사

[헌　　　정] 안나 마르가레테 폰 브로우네(Anna Margarete von Browne) 백작 부인

베토벤 피아노 소나타의 규모는 Op. 2 부터 Op. 7까지 확대라는 한 길을 걸었으나 그 반대의 움직임이 '세 개의 소나타 Op. 10'의 첫 두 곡(c단조, F장조)에 나타난다. 크고 복잡함만을 음악의 발전 증표로 보는 사람들의 눈에는 이러한 '작은' 규모의 작품은 퇴보로 비칠지도 모르겠다. 하지만 이는 베토벤 소나타의 성장에서 빠뜨릴 수 없는 필연적인 과정이었다. 그는 악장의 수를 세 개로 줄이고, 간결하고 압축된 구조에서 냉정하게 소나타의 출발점을 돌아보았다. 한편, 세 번째 곡(D장조)에서 그는 종래의 4악장 구성으로 되돌아 가면서, 새로운 피아니즘과 관현악적 개념을 융화시켜 피아노 소나타의 미래를 향한 높은 포부를 보여주었다.

소나타 c단조 Op. 10 No. 1

당초 베토벤은 이 작품을 4악장 소나타로 구성하려고 했다고 한다. 《바가텔 c단조 WoO 52》(1797) 혹은 《알레그레토 c단조 WoO 53》(1798)가 제2악장과 마지막 악장 사이에 들어갈 예정이었던 악장이다. 하지만 최종적으로 이 스케르초풍 악장은 제외되고, 결과적으로 최초의 본격적인 3악장 소나타가 세상에 등장하게 되었다.

모차르트는 항상 '피아노 소나타=3악장 구성'이라는 전제하에 작곡에 임했는데 베토벤은 이를 계승하지 않았다. 베토벤의 피아노 소나타 개념의 기본은 교향곡과 마찬가지로 4악장 구성이다. Op. 2 부터 Op. 7까지의 네 개의 작품에서 이 4악장 구성에 대한 충분한 반응을 얻은 그는 이제 독자적인 3악장 구성을 시도하려 한다. 여기서 모차르트의 소나타에는 없는 다양성이 나타날 것이다.

제1악장 c단조 $\frac{3}{4}$박자 Allegro molto e con brio

c단조라는 조성이 베토벤에게 있어서 비극적인 감정을 담는 그릇이었다는 사실은 말할 것도 없다. 이 단조의 음률에는 준엄하고 숭고하며 귀족적인 비장한 느낌이 가득하다. 그러한 c단조 작품의 더할 나위 없는 최고의 실례가 바로 《비창 Op. 13》이지만, 《소나타 Op. 10 No. 1》은 많은 점에서 충분히 그 선구적인 작품으로 볼 수 있다.

제시부 (마디 1-105). 제1주제(마디 1-31), 추이절(마디 32-55), 제2주제(마디 56-94), 후주(마디 94-105)

― 17 ―

전개부 (마디 106-168). 제1악단(마디 106-117), 제2악단(마디 118-136), 제3악단(마디 136-168)

재현부 (마디 168-284). 제1주제(마디 168-190), 추이절(마디 191-214), 제2주제(마디 215-271), 후주(마디 271-284)

제시부. 제1주제. 《비창》과의 가장 명백한 유사점은 첫머리의 화음에 있다. 두 옥타브 음역 안에 존재하는 c단조 으뜸화음의 전 구성음을 기용하는 것으로 이 기보를 한 옥타브 내린 것이 《비창》 첫머리의 바로 그 충격적인 화음인 것이다. 이 화음으로부터 부점 리듬의 날카로운 도약(*f*)이 발생하고, 어딘지 온화한 여성종지형 악구(a)(*p*)가 그 도약에 응답한다. 첫 여덟 마디의 화성 관용구는 역시 《비창》의 첫 네 마디와 같은 'T-D-D-T'형이다. 이는 반복 연주될 때(마디 22-26), 절반의 길이로 응축되어 악상의 밀도를 높인다. 흐른풍의 긴 음에 이끌리는 추이절에서는 중음역과 고음역에 밀집된 4성 앙상블의 윗성부에 잔잔한 프레이즈가 흐른다. 마디 49-50의 오른손에 나타나는 단편적인 악구(a′)는 a에서 유래한다. 제2주제(E♭장조)는 알베르티풍 반주에 맞추어 불리워지는 부드러운 가락이지만 그 화성 관용구(T-D-D-T)가 제1주제의 화성 관용구와 동일하다는 사실, 그리고 선율선에 제1주제 a구가 선명하게 읽혀진다는 사실에 주목해야 한다. 후주절에서는 잔잔한 왼손 4분음표 악구 위에 a′가 투입된다.

전개부. 제1악단은 C장조에 의한 제1주제를 제시한 후, f단조로 이동한다. 제2악단은 새로운 선율적 악상을 보여준다. 버금딸림조(서브도미넌트)로 향하는 조바꿈(f단조~b♭단조~D♭장조)은 이 악장에 현저하게 나타나는 경향이다. 제3악단에서는 여섯 개의 4분음표로부터 이루어지는 프레이즈가 레가토로 잇달아 이어지고, c단조가 돌아온다. 마디 158-167은 제시부의 마디 13-16 부분의 변형임에 틀림없다.

재현부. 제1주제부에 단축이 있다. 추이절은 G♭장조~e♭단조~f단조~F장조로 구성된다. 제2주제는 F장조로 시작하여, 뒤늦게 c단조로 돌아온다. 전개부에서 언급하지 않았던 제2주제를 베토벤은 이 재현부에서 상당히 점잖고 엄숙한 태도로 다루고 있다. 여기에 코다는 없다. 마지막 두 개의 화음(*ff*)으로 충분하기 때문이다. 그렇더라도 이는 얼마나 베토벤적인 종결인가!

제2악장 A♭장조 $\frac{2}{4}$박자 Adagio molto

베토벤은 제2악장에 밝고 명랑한 분위기의 E♭장조가 아니라 시적인 뉘앙스가 풍부한 A♭장조를 택했다. 이러한 점에서도 《비창》과의 유사성을 발견할 수 있다.

'ABA′B′A″'의 순환 2부 구상. 이는 전개부를 뺀 소나타 형식이라

고도 생각할 수 있다.

제1부=제시부 (마디 1-45). 제1주제(A)(마디 1-16), 추이절(마디 17-23), 제2주제(B)(마디 24-45)

제2부=전개부 (마디 46-91). 제1주제(A′)(마디 46-61), 추이절(마디 62-70), 제2주제(B′)(마디 71-91)

코다(A″) (마디 91-112)

제1부=제시부. 제1주제. 심플한 선율에 돈꾸밈음 장식이 로맨틱한 광채를 더한다. 부점과 복부점이라는 리듬의 차이는 대단히 중요하다. 날카로운 복부점 리듬은 제1악장 제1주제와 연관성이 있는 듯한 인상을 준다. 추이절에서는 고음역으로부터 활강하는 아르페지오 악구 *f*와 여성종지 악구 *p*와의 대화처럼 주고받는 상호교환이 역시 제1악장 제1주제의 기억을 소환한다. 제2주제는 E♭장조이다. 잔잔한 왼손 8분음표 화음의 스트로크(measured stroke) 위에 도취된 선율이 들썩들썩한다.

제44마디 이후, 주제의 전개가 계속될 가능성은 컸지만, 베토벤은 A♭장조 딸림7화음의 일격 *ff*(마디 45)로 그것을 막고, 일찌감치 제1주제의 재현에 돌입한다.

제2부=재현부. 제1주제에 약간의 변주가 실행된다. 제2주제는 A♭장조이다.

코다에서는 제1주제가 다시 나타난다. 안쪽 성부에 싱커페이션의 리듬과 박자를 따른 선율은 베르쇠즈(berceuse)의 멜로디 같다. 베이스의 대선율은 평화롭고 잔잔한 첼로의 활 사용을 연상시킨다. 선율이 끝난 뒤에도 싱커페이션의 부드러운 흔들림은 남는다. 조용하게 잠들 듯이.

제3악장 '피날레' c단조 $\frac{2}{2}$박자 Prestissimo

이 피날레의 기괴하고 별난 성격은 스케르초 악장의 부재를 메우는 것일지도 모른다. 성급하고 서투른 스텝, 섬뜩한 암시, 침울한 표정, 신랄한 유머, 우스꽝스러운 몸짓, 갑작스러운 격노, 위협, 박장대소. 이는 진부하고 평범한 론도=피날레가 아니다. 제1, 제2악장에서 슬픔과 자애라는 두 장면을 진지하게 연주한 베토벤이 마지막 악장에 도달해서 갑자기 변덕스러운 본성을 드러낸 것 같다.

소나타 형식의 구조를 가진다. 전개부는 눈에 띄게 짧고, 코다는 다소 길게 설정된다.

제시부 (마디 0-46). 제1주제(마디 0-16), 제2주제(마디 16-28), 추이절(마디 28-37), 후주(마디 37-46)

전개부 (마디 46-57)

재현부 (마디 57-106). 제1주제(마디 57-73), 제2주제(마디 73-

85), 추이절(마디 85-94), 후주(마디 94-106)

코다 (마디 106-122)

제시부. 제1주제는 유니즌의 나지막한 중얼거림(a)으로 시작한다. 어두침침한 음색에 위태로운 표정이 나타났다 사라졌다 한다. a에 포함된 4도 음정(c^1-f^1)은 6도로, 그리고 8도로 확장되고 주제의 양상을 시시각각 변화시킨다. E♭장조의 직접적인 제2주제 유도법은 베토벤다운 수법이다. 이 제2주제는 일정한 리듬 음형(두 마디)을 스타카토 주법으로 반복한다. 추이절에서는 오른손 트레몰로의 아래쪽에 제1주제가 헤치고 들어간다. **ƒƒ**의 절규(제31마디)로부터 분출하는 빠른 악구. 16분음표~8분음표 셋잇단음표의 분박 변환의 우스꽝스러운 효과는 엄청나다. 후주에서의 강한 연주 연타음 '$b♭^2$-$b♭^2$-$b♭^2$'은 a 끝부분(f^1-f^1-$e♭^1$)을 반영한다. 마디 43-45에 배치된 음은 분명히《비창》제1악장 제137-139마디의 예고이다.

전개부는 열한 마디의 간주에 불과하다. 하지만 질적으로 그리고 양적으로 드라마틱하기에는 충분하다. 왼손이 제1주제 a를 선언하고, 오른손이 그 첫 부분 네 개의 음을 속삭이듯이 반복한다. 그 속삭임은 천천히 음량을 늘리고, 충동적으로 음역을 높인다. 그 당시 건반의 고음 한계에 도달하자마자 감7화음 위에 '운명 동기'가 갑자기 울려 퍼진 것이다.

재현부. 제1주제에는 일부 변주가 있다. 제2주제는 C장조로 시작하여 c단조로 끝난다. 후주는 D♭장조로의 방향 변환에 맞닥뜨려 딸림7화음에서 중단된다.

코다. 긴 리타르단도와 함께 제2주제가 D♭장조로 재연된다. Adagio템포에 이르러 손으로 튕기듯이 내는 감7화음의 신비적인 아르페지오. 그 여운을 깨고 c단조 종지가 몰아쳐 온다. 왼손으로 치는 8분음표 위에 제2, 제1 두 주제가 능숙하게 봉합되어 일련의 바람처럼 빠져나간다. 거기에 더이상 위태로운 감정은 존재하지 않는다. 그저 허무함을 띤 미소가 있을 뿐이다.

가련하고 애처로운 소나타—그것은 비극적인 'c단조'와 자유 분방한 'D장조' 사이에서 은은하게 향기로운 봄의 작은 꽃과 같다. 경쾌하고 유연하게 청량감을 최대한 살리고, 신랄함에 빠지지 않는 해학과 격정에 이르지 않는 애환이 전곡에 촉촉하게 밴 서정이라는 얇은 옷을 입힌다.

'알레그로, 알레그레토, 프레스토'의 3악장 구성. 이 소나타의 경쾌한 인상은 음악의 성격은 물론, 느린 악장을 가지지 않고 각 악장마다 템포를 빠르게 하는 구상에 따라 달라진다(제2악장 알레그레토의 템포 감각은 제1악장 알레그로보다도 빠르다). 'F장조,

f단조, F장조'라는 3악장의 토닉(으뜸화음)의 통일에도 전체의 일체감을 강화하여 작품의 윤곽을 가다듬는 효과가 있다.

제1악장 F장조 $\frac{2}{4}$박자 Allegro

제시부 (마디 0-66). 제1주제(마디 0-18), 제2주제(마디 18-37), 제3주제(마디 38-55), 후주(마디 55-66)

전개부 (마디 67-136). 제1악단(마디 67-76), 제2악단(마디 77-94), 제3악단(마디 95-117), 제4악단(마디 117-136)

재현부 (마디 136-202). 제1주제(마디 136-144), 제2주제(마디 144-169), 제3주제(마디 170-189), 후주(마디 189-202)

제시부. 제1주제 첫머리 네 마디(a)의 악구 리듬 구조는 'A장조 소나타 Op. 2 No. 2' 제1악장의 악구 리듬 구조와 유사하다. 거기에 선율적 악구(b)가 이어진다. a단조 반종지를 받고 제2주제(C장조)가 일찌감치 등장한다. 호흡이 긴 레가토의 선율선에는 제1주제 b로부터의 변용의 흔적이 보인다. 제3주제는 실내악적 희유곡(디베르티멘토)이다. 후주에서는 천진난만한 스타카토 악구(3도 하행 g^2-e^2)가 높고 낮은 음역에서 메아리친다. 그 3도 하행의 음렬(g^2-e^2, c^3-a^2)에는 a(3도 상행 a^1-c^2)의 반전이라는 의도가 들린다. 양손 옥타브 유니즌의 종결구**ƒƒ**(c)는 마디 40-41의 리듬에서 유래한다.

전개부에 세 개의 주제는 거의 등장하지 않는다. 베토벤은 여기서 위엄 있는 소나타의 법칙에서 벗어나, 그의 본령이기도 한 즉흥 연주에 열중한다. 제1악단은 d단조이다. c가 **p**로 연주되고 16분음표 셋잇단음표 악구와 대립한다. 제2악단에는 멜랑콜리한 새로운 선율(오른손 분산 옥타브)이 등장한다. d단조~g단조~B♭장조. 제3악단은 제1악단의 서식을 되돌린다. b♭단조에서 f단조로 바뀌고 으뜸조(재현부)의 회귀를 준비한다.

그런데 베토벤은 무슨 생각을 했는지, 제1주제를 f단조에서 d단조로 방향을 틀고(마디 112-113), 생각에 잠긴 침묵 후에 제1주제를 D장조(!)로 재현하게 한다. 이른바 '거짓 재현'(전개 제4악단)인 것이다. 이 D장조 제1주제는 잘못을 깨닫지 못하는 것처럼 담담하게 악구를 연결하는데(a~b), b를 끝낸 지점(마디 129)에서 문득 우리에게 돌아와 침묵하고, 부끄러워하는 미소를 띠고, 주저하면서 F장조로 궤도 수정(재현부)에 들어간다. 이는 마음이 이끌리는 멋진 연출이다.

재현부에 큰 이변은 일어나지 않는다. 코다도 붙지 않는다.

제2악장 f단조 $\frac{3}{4}$박자 Allegretto

미뉴에트라고도 스케르초라고도 표기되어 있지 않다. 너무 성급하지 않은 템포와 레가토에 대한 경향은 비(非)스케르초적이지만,

그렇다고 해서 여기서 고전적인 미뉴에트의 성격을 논하기에는 음악의 분위기가 너무 시적이다. 감미로운 노스탤지어의 노래 분위기는 슈베르트나 브람스의 왈츠의 선조라고 해야 할까.

> **주부** (마디 0-38). 제1악단(마디 0-8), 제2악단(마디 8-16), 제3악단(마디 16-30), 제4악단(마디 30-38)
> **중간부** (마디 38-125). 제1악단(마디 38-54), 제2악단(마디 54-70), 제3악단(마디 70-79), 제4악단(마디 79-94), 제5악단(마디 90-103), 제6악단(마디 103-118), 후주(마디 119-125)
> **주부 재현** (125-170). 제1악단(마디 125-140), 제2악단(마디 140-148), 제3악단(마디 148-162), 제4악단(마디 162-170)

주부. 제1악단. 저음역으로부터 위로 올라가는 긴 물결과 같은 레가토(a)는 단성(유니즌)에서 다성(3성~4성)으로 늘어나 A♭장조 종지에 이른다. 아련한 멜랑콜리한 심상에 잠시나마 은은한 불빛이 켜지는 듯하다. 제2악단. 대조적으로 짧은 악구가 오른손 두 성부에 카논풍으로 주제를 모방하며 따라 연주된다. 제3악단. a가 여러 성부에 도입되어 앙상블을 이루고 f단조 종지로 향한다. 중간부는 D♭장조이다. 4~5성부의 화성적 악상은 한 편의 경건한 코랄과 비슷하다. 프레이즈는 언제나 상박 4분음표를 기점으로 삼고, 그 위에 트로우케일(2분음표~4분음표)의 율동을 유지한다. 베이스 대선율의 도입(제2, 4, 6악단), 왼손으로의 선율의 위치 바꿈(제3, 5악단) 등의 변화를 가져온다.

주부 재현에서는 a가 좌우 반박의 차이로 변주된다. 그것을 계기로 텍스처가 싱커페이션의 형태로 풀리면서 울림의 상태가 불안정해진다.

제3악장 F장조 $\frac{2}{4}$ 박자 Presto

베토벤이 피아노 소나타에 본격적으로 다성적 서법을 도입한 것은 만년(Op. 101 이후)의 일이지만, 그는 초기 작품에도 가끔씩 폴리포닉의 기법을 시험 삼아 사용하고 일종의 지적 효과를 높였다. 이 3악장이 그 좋은 예이다. 다만 곡 시작 부분의 베이스에 나타나는 주제 선율은 이어지는 알토에 의해(도미넌트 응창이 아닌) 토닉으로서 멜로디 모방 연주가 따른다. 이어서 소프라노의 응창(응답 노래)에도 본래 나와야 할 앞부분의 딸림화음(도미넌트)을 으뜸화음(토닉)으로 바꾸는 수법이 실행되지 않는다. 더구나 어처구니없게도 병행 8도 진행이 빈번하게 발생한다(마디 10, 12, 14). 이리하여 푸가의 규칙을 모조리 어긴 후, 마디 15에서 베토벤은 이 대위법 같은 '속임'에 스스로 파탄해, 재빨리 폴리포니 양식의 치외법권으로 도주한다!

이 악장의 실체는 화성 서식에 따라 '끝없이 계속되는' 점이다. 마디 86-107 부분 등은 아무리 생각해도 2성부의 인벤션풍이지만, 그 음형은 화성적 문법에서 연역된 것이며 진정한 폴리포닉한 것은 아니다.

곡은 세 부분으로 구성되어 있다. 그것을 소나타 형식으로 간주하는 것에는 선뜻 마음이 내키지는 않는다. 첫 번째 이유로, 이 악장은 복수의 주제를 가지고 있지 않다. 두 번째 이유로, 이 시대의 소나타 형식으로서는 있을 수 없는 '3:5:7'이라는 세 부분의 시간 비율의 밸런스가 있다.

> **제1부** (마디 0-2). 제1악단(마디 0-23), 제2악단(마디 23-32)
> **제2부** (마디 32-87). 제1악단(마디 32-68), 제2악단(마디 69-87)
> **제3부** (마디 86-150). 제1악단(마디 86-125), 제2악단(마디 125-150)

제1부. 제1악단. 스타카토 8분음표를 주체로 한 주제가 '베이스~알토~소프라노' 순으로 도입된다. 제1마디의 네 개의 8분음표를 a, 제3마디의 16분음표를 교차시킨 음렬을 b라고 한다. 소프라노에 대위하는 아래 두 성부는 3도 병행의 8분음표구를 마치 시계가 째깍째깍 소리 내듯이 기계적이고 절도 있는 리듬으로 전개하여 화성적 의도를 명쾌한 것으로 만들어 나간다. b의 반복, 강조에서 C장조 종지로 향한다. 제2악단. 소나타 악장이라면 여기서 제2주제가 나타나야 하는데, 베토벤은 그 대신에 a를 바탕으로 유머러스한 후주를 만들고, 제1부를 서둘러 일단 끝내 버린다.

제2부. 제1악단은 A♭장조로 시작한다. b의 반전 악구가 양손 유니즌에 떠들썩하게 나타난다. 뒤이어 중간과 높은 음역에서 주제를 카논풍으로 따라 연주하는 방식이 펼쳐진다(A♭장조~b♭단조~f단조). 그 후, 2분음표 음절(*sf*)에 의해 고정 선율(cantus firmus)(마디 51-67)과 b악구가 격렬하게 대위하여 드라마틱한 긴장감을 높인다. 제2악단은 D장조에 따라 제1부 제2악단의 (거짓)재현. 이 D장조의 기묘한 존재감은 제1악장 전개부 제117-129마디(제1주제 거짓 재현)와 대응하고 있다.

제3부. 제1악단은 제1부 제1악단의 전개=재현부. 2성부 서식이다. 주제와 대선율과의 긴장된 대위의 장이다. 통상적인 재현부와 달리 조바꿈이 활발하게 진행된다(F장조~g단조~B♭장조~b♭단조). 제2악단은 제1부 제2악단의 확장 재현부이다. 최종 악절(마디 141-150)의 8분음표 악구(심플하게 '하, 하, 하…'의 발성을 해보면 쉽게 이해할 수 있을 것이다!)는 오페라 부파와 같은 껄껄 웃는 한 장면이다.

소나타 D장조 Op. 10 No. 3

'D장조 소나타 Op. 10 No. 3', '비창 Op. 13' 이 두 곡에서 베토벤

은 확실히 초기 소나타의 정점을 찍고 있다. 하지만 이 작품들은 서로 얼마나 대조적인가. 《비창》에서의 베토벤은 숭고한 예술 정신을 격조 높게 강조한 것에 반해, 'D장조 소나타'에서의 베토벤은 밝고 쾌활하게 말이 많다. 어느 쪽이 훨씬 훌륭한가에 대한 문제가 아니다. 두 작품 모두 훌륭하여 베토벤적이라는 뜻이다.

제1악장 D장조 $\frac{2}{2}$ 박자 Presto

빌헬름 켐프는 이 악장을 희가극의 서곡에 견주었다[*4]. 순간적으로 떠오르는 것은 같은 조성과 같은 템포를 가진 《피가로의 결혼》 서곡이다. 나는 그 서곡과 이 소나타와의 관련성을 억지로 꾸며낼 생각은 없다. 그러나 모차르트가 '서-파-급'이라는 조곡 악식의 관습을 깨고 '급' 부분에서만 《피가로》 서곡을 쓴 것과 같이, 베토벤도 역시 알레그로여야 할 소나타 제1악장에 느닷없이 '프레스토'를 가져온 것이 흥미롭다. 제1악장이 최종 악장보다도 빠른 템포를 채용한 소나타는 이전에도 있었지만(Op. 2 No. 2, Op. 7), 프레스토라는 이례적인 스피드를 요구하는 1악장은 전례가 없다. 이번 1악장은 이전 두 곡에서의 예의 바른 행동에 지친 베토벤이 야생으로 뛰어나간 것 같은 음악이다. 거기에는 움직임에 대한 어쩔 수 없는 충동이, 상쾌하게 열린 해방감이, 그리고 드높은 환희의 외침이 있다.

> **제시부** (마디 0-124). 제1주제(마디 0-22), 제2주제(마디 22-38), 제1추이절(마디 38-53), 제3주제(마디 53-65), 제2추이절(마디 66-105), 후주(마디 105-124)
>
> **전개부** (마디 124-183). 추이절(마디 124-132), 제1악단(마디 133-140), 제2악단(마디 141-157), 제3악단(마디 157-167), 제4악단(마디 167-183)
>
> **재현부** (마디 183-327). 제1주제(마디 183-204), 제2주제(마디 204-220), 제1추이절(마디 220-233), 제3주제(마디 233-246), 제2추이절(마디 247-286), 후주(마디 286-327)
>
> **코다** (마디 327-344)

제시부. 제1주제는 유니즌의 4분음표 악구로 시작한다. 첫머리 하행 테트라코드 음렬 'd¹ - c♯¹ - b - a¹(a)는 이 소나타 전체의 주요 동기가 된다. 거기에 이어서 상행 음렬 'a - c♯¹ - d¹ - f♯¹…'(b)은 나중에 등장하는 제3주제와 관련 있다. 유니즌에서 병행 6도 화음으로, 그 위에 화려한 분산 6도, 분산 8도로, 주제는 시시각각 그 모습을 바꾼다. 제2주제는 b단조~f♯단조. 구슬픈 민요조의 선율에 8분음표로 단축된 a(마디 24)가 잠깐 나타난다. 제3주제는 A장조~a단조. b의 반전 음렬(c♯² - a¹ - g♯¹ - e¹)이 아웃라인이 되고 프레이즈의 첫 부분에 a의 단축 음렬이 배치된다.

이상(~제65마디)에서 이 악장의 주제는 모두 등장하였다. 그러나 우리는 아직 제시부(전 124마디)의 반 정도의 지점에 와 있을 뿐이다. 남은 시간, 베토벤은 모티브 a의 전개에 힘쓴다. 본래는 전개부에서 이루어져야 할 작업을 제시부에서 몰두하는 것으로 그는 고전적 소나타의 밸런스를 무너뜨려 버린다. 본서에서는 이를 제2추이절이라고 부른다. 이 추이절에서는 a의 반복으로 시작하여 원형(a)과 반전 음형(a′)과의 반진행 대치로 전개된다. 활발한 조바꿈 (A장조~C장조~d단조~B♭장조)을 거쳐서 A장조가 확정된다. 후주에서는 기묘하게도 기계적인 2분음표 악구(이 음렬은 《비창 Op. 13》 제3악장의 A♭장조 부분에서 다시 등장할 예정이다)가 연주된 후, a가 왼손과 오른손이 대화하는 형태로 나타난다.

전개부는 논리적으로 구성된 것은 아니다(논리적 전개는 제시부 제2추이절에서 이미 이루어졌다!). 이 섹션은 베토벤 자신이 '랩투스(환희의 외침)'라고 칭한 정신 고양 상태에서의 즉흥연주의 실록이다. 거기서는 8분음표 트레몰로의 끊임없는 거센 바람에 휘말려 제1주제 제1악상이 연이어 터져 나온다. 제시부에서 a를 마음껏 요리한 베토벤은 여기서는 오로지 b를 전개 소재로 삼고 있다. 조바꿈은 B♭장조~g단조~ E♭장조~d단조.

재현부에서는 후주가 확장되어 늘어난다. 여기서는 a에 대한 응답구(d-g-a-b, etc.)가 끈질기게 반복되어 기발한 조바꿈(G장조~g단조~ E♭장조)의 장난 후 마침내 D장조 종지에 종착한다.

코다. 오른손이 a구를 늘어놓은 후, 양손이 알베르티 음형을 풍성하게 만들어 긴 크레셴도를 *ff*로 이끈다. 그 사이 베이스의 강박(On-beat)에는 확장된 a음렬이 지나간다(B-A-G-F♯, G-F♯-E-D). 최종 화음이 도미넌트 음을 뺀 사실에 주의하자. 이러한 조치에 의해 피아노의 울림이 더욱 빛을 발하게 되었다.

제2악장 d단조 $\frac{6}{8}$ 박자 Largo e mesto

비극의 한 장면을 떠올리게 하는 한탄스러운 곡조가 사방을 어두운 분위기로 물들인다. 베토벤은 이 악장에 대해서 '우울함에 사로잡힌 영혼, 빛과 어둠으로 채색된 슬픔의 심상'이라는 의미심장한 말을 남겼다[*5]. 베토벤 이전의 피아노 음악에서는 이처럼 주관적이고 이처럼 농후한 감정 표현이 드러난 일은 없었다.

> **제1부** (마디 1-29). 제1악상(마디 1-9), 제2악상(마디 9-17), 제3악상(마디 17-26), 후주(마디 26-29)
>
> **제2부** (마디 30-43). 제1악단(마디 30-34), 제2악단(마디 35-43)
>
> **제3부** (마디 44-64). 제1악상(마디 44-52), 제2악상(마디 52-56), 제3악상(마디 56-64)
>
> **제4부** (마디 65-87). 제1악단(마디 65-76), 제2악단(마디 76-87)

제1부에는 세 개의 악상이 제시된다. 제1악상은 중후한 현악4(5)중주풍의 서식에 따른다. 그 선율선에 포함된 감4도 음정 'f^1 - c$^{\#1}$'은 '고뇌'의 상징으로 여겨진다(베토벤은 마지막 소나타에서 다시 한번 이 음정을 각인할 것이다). 제2악장은 애절함을 극한으로 끌어올린 아리아로, 제1악장의 주요 동기(하행 테트라 코드 음렬)가 곳곳에 녹아들어 있다. 가느다란 실루엣을 자랑하는 선율은 곧 화음의 두께를 더해 밝은 분위기의 C장조로 나아간다. 제3악상은 강약 대비(f, p, ffp)를 통해 가파른 감정의 변화를 보여준다(~a단조).

제2부는 F장조로 시작한다. 중간과 아래 성부 음역에 깔린 화성적 앙상블은 제1악상의 8분음표 보행조의 음계를 유지하면서 윗성부에 새로운 악상을 제시한다. 그 첫 부분에는 상행 테트라 코드 음렬(c^1 - d^1 - e^1 - f^1)이 발견된다. 이 악상은 머지않아 ff로 격렬해지며, 고음역에 32분음표구의 응답 p를 불러온다. F장조~g단조~ A조~d단조.

제3부는 제1부의 재현부. 제1악상에는 활발한 조바꿈(E$^\flat$장조~e$^\flat$단조~B$^\flat$장조~g단조)이 일어난다. 제2악상(g단조~B$^\flat$장조)은 대폭 축소된다.

제4부는 코다. 제1악상의 첫 부분이 저음역에서 펼쳐지고, 오른손이 32분음표 여섯잇단음표의 분산화음에 흐릿한 구름이 피어오르도록 하는 듯하다. e$^\flat$단조라는 원격점을 포착한 후 7도 화성의 크로매틱(반음 진행)의 연쇄가 긴 크레셴도와 함께 d단조에 도달한다. 제1악상의 모티브(f^2 - c$^{\#2}$ - d^2)가 가냘픈 소리로 되풀이되어 낮은 토닉의 고동이 비극의 종언을 고한다.

제3악장 '미뉴에트' D장조 $\frac{3}{4}$ 박자 Allegro

다시 한번 비쳐 들어오는 아침 햇살. D장조의 부드러운 음조가 슬픔에 고통받은 마음을 어루만져준다. 이 악장은 종래의 미뉴에트와 다르게 활발한 알레그로 템포로 연주된다.

> 주부 (마디 0-54). 제1악단(마디 0-16), 제2악단(마디 16-24), 제3악단(마디 25-43), 제4악단(마디 43-54)
> 트리오 (마디 54-86). 제1악단(마디 54-70), 제2악단(마디 70-86)
> 주부 재현은 다 카포 지시가 있으므로 생략

주부=미뉴에트의 서식은 현악 4중주풍이다. 제1악단은 D장조에서 종지한다. 제2악단에서는 8분음표를 섞은 빠른 악구가 베이스~테너~소프라노~알토순으로 모방하는 돌림 노래를 한다(b단조~A장조~D장조). 제3악단은 제1악단의 변주이며 전개부이다. 제4악단에서는 미뉴에트 주선율의 첫 부분이 낮은 가성으로 회상되는데, 여기서 상박 4분음표를 연결하는 붙임줄 기호(마디 43-44, 47-48

사이)가 제거된 점에 주의를 요한다. 이로 인해 드러나는 두 개의 4분음표 'A-A' 리듬이 트리오 첫머리의 두 개 4분음표의 포석이 되기 때문이다.

트리오는 G장조. 활발한 간주곡이다. 제1모티브는 저음역의 4도 상행구 'D-G'(f)(a). 이는 제1악장의 테트라 코드 동기의 바깥쪽 틀인 4도 음정(d^1 - a)과 관계한다. 제2모티브 'G-G-F$^\#$-A-D'(p)에는 미뉴에트 제2마디 부분의 음렬(d^2 - c$^{\#2}$ - e^2)이 반영된다. 이 후 a는 7도, 8도로 도약의 폭을 넓힌다. e단조를 거쳐 D장조로.

제4악장 '론도' D장조 $\frac{4}{4}$ 박자 Allegro

'론도'라는 이름을 붙였지만, 베토벤의 악상은 그런 고전적 양식의 규격화된 틀로 정리할 수 있는 대상이 아니다. 이 마지막 악장은 그의 자유분방한 즉흥 연주의 실록이다. 각각의 섹션은 종종 단락의 완결을 보지 못한 채 중단된다. 그 중단(페르마타) 사이에 연주자 베토벤은 다음의 즉흥 아이디어를 모색하는 것 같다.

> 르프렝(A) (마디 0-16). 제1악단(마디 0-9), 제2악단(마디 9-16)
> 제1쿠플레(B) (마디 17-24)
> 르프렝(A′) (마디 24-34). 제1악단(마디 24-33), 추이절(마디 33-34)
> 제2쿠플레(C) (마디 34-45). 추이절(마디 45-55)
> 르프렝(A″) (마디 55-74). 제1악단(마디 55-64), 제2악단(마디 64-74)
> 제1전개부 (마디 74-83)
> 르프렝(A‴) (마디 83-92)
> 제2전개부 (마디 92-105)
> 제3전개부=코다 (마디 106-113)

르프렝(A)과 두 개의 쿠플레(B, C)와의 순환 형식. 문제는 이 섹션들의 배치에 있다. 적어도 제74마디까지(악장 전체의 약 65%)는 'ABA′CA″'의 회선이 거의 순조롭게 이루어진다. 그러나 남은 40마디(35%)에 쿠플레는 나오지 않는다. 그것은 르프렝의 모티브로 이루어진 장대한 전개부이다. 그리하여 이 악장의 악식은 통상의 론도(ABA′CA″)(65%) 뒤에 A에 의한 소나타풍의 전개부(35%)를 접합한 특이한 형식으로 해석된다.

르프렝(A)(마디 0-16). 제1악단. 첫 부분 윗성부의 세 음 'f$^{\#1}$ - g^1 - b^1'을 a1이라고 한다. 이는 제2악장 첫 부분 음렬 'd^1 - c$^{\#1}$ - d^1 - f^1'에서 유래한다. 한편, 아랫성부 세 음 'd-B-G'를 a2로 한다. 그것은 이를테면 도발적인 질문이며, 그 후의 쉼표는 불의의 도발을 받는 자의 놀람과 같다. 으뜸화음을 상박으로, 버금딸림화음을 제1박에 배치하는 화성법에서 이 악장을 처음 접하는 건재한 음감을 가진 사람은 G장조로 인식할 것이다. 페르마타, 거짓 종지, 침묵, 기묘한 절규(ff), 갑작스런 약한 연주(p)—수많은 기발한 몸짓 후에 베토벤은 마침내 D장조의 종지를 연결한다. 제2악단. 오른손 옥타브 프레이즈는 제1악장 제1주제를 상기시킨다. 왼손 반주인 베이스 'd-c♯-B-A'는 제1악장의 주요 동기 그대로이다.

제1쿠플레(B)는 A장조. 16분음표를 섞은 부드러운 선이 두 옥타브의 우아한 아치를 그린다. 르프렝 재현(A′)은 B♭장조를 향해 거짓 종지의 역할을 한다.

제2쿠플레(C). a2($f^3 - d^3 - b♭^2$)를 접합한 하행선이 오른손에서 약동한다. 그런가 하면 베토벤은 왼손 알베르티풍 16분음표 반주에서 a1을 은밀하게 포함시키고 있다('연주 노트' 참조). B♭장조~g단조~E♭장조. 추이부는 르프렝 첫 부분을 B♭장조로 표현하지만 악절은 바로 중단되고 양손 유니즌의 에피소드(르프렝 제3-4마디의 음형에 따라)가 신비적인 분위기를 조성한다.

제1전개부는 b단조~D조. 오른손 8분음표의 기계적인 리듬의 아래 방향으로 a1이 여러 형태로 여기저기 흩어진다. 르프렝 재현(A‴)에서는 a1(오른손)과 a2(왼손)가 번갈아 나타난다.

제2전개부에서는 a1, a2가 양손에 배분되어 반진행적으로 겹쳐진다. 제2, 4박의 sf는 관현악적 발상이다. 그 3차원(관현악)적 음향이 sf의 제1, 제3박으로의 이동(제96마디~)에 의해 2차원(피아노)적 음향이 된다. 싱커페이션의 화성 악절 삽입(마디 101-105)이 대단히 개성적이다.

제3전개부-코다. 제1쿠플레에서 유래한 크로매틱의 아치 아래 왼손에서 반복되는 a1은 어느새 그 선율 진행의 음의 방향을 아래로 바꾸고 있다. 이제 그것은 물음이 아닌 독백에 지나지 않는다. 그 반복이 끝나고 음악은 산뜻하게 멈춘다. 놀다가 지친 아이가 푹 잠들 수 있도록.

소나타 c단조 《비창》 Op. 13

[작곡 시기] 1798-1799년

[초　　판] 1799년 12월. 빈, 호프마이스터 사

[헌　　정] 카를 폰 리히노프스키(Carl von Lichnowsky) 후작

'비창 소나타(Sonate pathétique)'—이것은 서른두 개의 피아노 소나타 중에서 베토벤 스스로가 음악의 성격을 형용한 유일한 작품이다. 이 사실은 그가 '비창'이라는 특징을 얼마나 강하게 의식하고 그러한 표현에 적잖은 집념을 품고 있었는가를 생각하게 한다.

'비창'이라는 표현을 위해서 베토벤은 c단조라는 조성을 택하고, 그 전체적 음향에 흔들리거나 굽힘이 없는 의지와 엄격하면서도 고귀한 정신성을 투영한다. 일본어의 정확성을 기한다면, '비창'이 아니라 '비장'이라고 번역해야 할 이 음향이야말로 그가 이상으로 삼은 것이었다.

한편 그는 Op. 10의 두 소나타(c단조, F장조)에서 시험한 3악장 구성을 여기서 한층 더 확고하게 했다. 그의 4악장 소나타가 교향곡 및 4중주곡을, 3악장 소나타가 협주곡을 모델로 삼은 것이라고 이해한다면, '비창 Op. 13'에서의 한층 성숙한 3악장 소나타는 비르투오소적 성격의 향상의 첫 스텝이라고 할 수 있을 것이다.

제1악장　C장조 Grave ($\frac{4}{4}$박자)

$\qquad\qquad$ -Allegro di molto e con brio ($\frac{2}{2}$박자)

교향곡의 제1악장에 종종 장대한 서주를 설정한 베토벤이지만, 소나타에서 이를 실행한 경우는 많지 않다. 짧은 도입 연주 부분을 가진 것에 불과한 'd단조 Op. 31 No. 2', 'F♯장조 Op. 78'은 고려에 넣지 않는다고 해도, 서주다운 서주를 갖춘 소나타는 '비창 Op. 13' 외에 'E♭장조 Op. 81a', 'c단조 Op. 111' 두 작품만 보면 된다.

《비창》의 가장 독자적인 성격은 이 서주(그라베)의 존재에 있다. 그것은 단순한 서주가 아니다. 이 그라베의 악상은 이어지는 주부(알레그로)의 제시부~전개부 사이 및 재현부~코다 사이에 회귀하는 것으로, 소나타 형식에 종래에는 없던 입체감과 극적 성격을 주게 된다. 게다가 그 악상은 주부 제2주제에 응용되어 전개부에서 언급되고 또한 멀리 제3악장의 론도 주제에도 그 유전자를 이어서 소나타 전체의 정합성에 빈틈이 없도록 하는 것이다.

서주 (마디 1-10)

제시부 (마디 11-132). 제1주제(마디 11-27), 추이절(마디 27-50), 제2주제(마디 51-88), 제3주제(마디 89-113), 후주(마디 113-132)

제1간주 (마디 133-136)

전개부 (마디 137-195). 제1악단(마디 137-149), 제2악단(마디 149-167), 제3악단(마디 167-195)

재현부 (마디 195-294). 제1주제(마디 195-220), 제2주제(마디 221-252), 제3주제(마디 253-277), 후주(마디 277-294)

제2간주 (마디 295-298)

코다 (마디 299-310)

서주(Grave). 제1마디의 악구를 a라고 한다. 그 화음 f와 프레이즈 p와의 강약 대비는 한 가락의 선율선에 맡긴 두 가지 성격—비

유를 들어 말하자면 '엄명'과 '애원'—을 표현하고 있다. 제2 그리고 제3마디를 위해서 베토벤이 32분음표의 상박을 앞에 배치한 의도를 음미해 보자. 이러한 상박이 존재하지 않는다면 이 두 마디는 a구의 진부한 반복에 지나지 않으며 비극적인 긴박함은 시시각각 약해졌을 것이다. 또한 각 마디의 제3박에 주목해 보면, 제2마디만이 다른 화성법을 탐색하는 점에서 작곡가의 세부적 창의성을 엿볼 수 있다. E♭장조를 향한 조바꿈 후 오른손 옥타브에 약하게 연주되는 a는 중음역과 저음역에 느닷없이 등장하는 $f\!f$를 받는다. 거짓 종지 이후 고음역의 레치타티보가 크로매틱의 활강을 이루고 c단조 종지로 향한다.

주부(Allegro di molto e con brio)는 소나타 형식이다.

제시부. 제1주제는 음계의 제2음을 뺀 개성적인 상행 음렬(b)이다. 양손이 최대한 멀리 떨어지거나(제15마디), 양손은 더이상 서로의 인력에 저항할 수 없게 되어 접근하기 시작한다. 이 역학적 구조는 베토벤 작곡법의 한 전형이다. 추이절에서는 제1주제(b)의 단축과 변형(b′)이 일어난다. 제2주제는 e♭단조이다. 그 선율의 형상은 서주 주제 a에서 유래한다. e♭단조~D♭장조~e♭단조~f단조~E♭장조. 제3주제(E♭장조)는 분산화음의 불안한 울림을 내포하면서 좌우 반진행의 구조에 드라마틱함을 높이는 역할을 맡긴다.

제1간주(서주 재현)는 g단조. a구의 반복이 e♭단조로 바뀐다. 베이스(왼손)에서의 싱커페이션 도입이 개성적이다.

전개부. 오른손에 b′와 a가 교대로 연주되어 왼손은 전자(b′)에 옥타브 트레몰로 반주를, 후자(a)에 제2주제와 같은 4분음표 반주를 제공한다. e단조~g단조~f단조~c단조. b′가 왼손으로 넘어가고, 옥타브 트레몰로가 오른손으로 이동한다. 저음역에 꿈틀거리는 분산화음(제175마디 오른손에 순식간에 떠오르는 c♯단조의 울림은 어쩌면 그토록 놀라운지!)에 b′의 섬광이 비친다. 오른손이 당시의 건반 상한(f³)에 부딪쳐 $s\!f$의 고함을 지르고, 왼손과의 넓게 벌어지는 음역의 긴장이 극한에 달한다.

재현부에서는 제1주제 후반부가 연장되어, 추이부를 배치하지 않고 제2주제가 직접적으로 이어진다. 제2주제 재현이 버금딸림조에서 시작하여 으뜸조에 도달하는 모습은 'c단조 소나타 Op. 10 No. 1' 제1악장의 케이스와 비슷하다.

제2간주(서주 재현). a구 단편의 반복이 f단조에 대한 드라마틱한 장단 선법 혼용을 보이지만, 레가토의 순차 하행선에서 전의가 시들해져서 조각조각 동강 난 악구가 $p\!p$의 c단조 종지로 가라앉는다.

코다는 간결하다. 제1주제가 맹렬한 기세로 크레셴도를 준비하고, 4분음표 화음의 종지절에 이른다. 마지막 두 화음 'D-T'는 단순한 화성 종지가 아닌 자긍심 높은 예술가의 감정과 의지의 한도를 한데 모은 작별 인사임에 틀림없다.

제2악장 A♭장조 $\frac{2}{4}$박자 Adagio cantabile

어떤 것도 비할 데가 없는 이 아디지오에서 베토벤은 cantabile를 지시했다. 모차르트나 슈베르트의 칸타빌레가 어디까지나 성악적 자질을 가지고 있는 것에 비해 베토벤의 칸타빌레에는 피아노라는 악기 특유의 선율미의 이상이 담겨 있다.

간결한 리트 양식. 초기 소나타의 느린 악장으로서는 자그마한 구조이다. 전후 악장과의 역학 관계를 고려해 보면, 그것은 아담하고 조촐한 인터메초라고도 볼 수 있다. 그러나 음악의 내면에 넘치는 감동의 깊이는 과거의 어떠한 느린 악장과 비교해도 한 수 떨어지는 것이 아니다. 거기에는 쇼팽 녹턴이나 슈만 로망스의 몽상적인 도취와는 거리가 멀지 않은, 그윽한 낭만의 향기가 감돈다.

리토르넬로 구성(ABA′CA″). 각 부의 규모가 '르프렝 16, 제1쿠플레 12, 제2쿠플레 14'에 접근한 짝수 마디를 나타낸다는 사실도 이 악장이 정돈된 인상을 주는 한 요인이다.

르프렝(A) (마디 1-16). 제1악단(마디 1-8), 제2악단(마디 8-16)

제1쿠플레(B) (마디 16-29). 제1악단(마디 16-23), 제2악단(마디 23-29)

르프렝(A′) (마디 29-36)

제2쿠플레(C) (마디 36-51). 제1악단(마디 37-44), 제2악단(마디 45-51)

르프렝(A″) (마디 51-66). 제1악단(마디 51-58), 제2악단(마디 58-66)

후주 (마디 66-73)

첼로의 음역에서 노래되는 르프렝(A)의 가락. 이는 《교향곡 제9번》 아다지오 악장의 선구임에 틀림없다. 3성부로 편성되어 있다. 윗성부와 아랫성부와의 반진행적 구조가 이 주제의 뛰어난 균형감에 기여하는 점은 크다. 제1악단 여덟 마디가 제2악단에서는 음역을 높이고, 안 성부를 두 파트로 나눈 형태로 재연된다.

제1쿠플레(B)는 f단조로 출발하여 E♭장조로 향한다. 마디 17-18 사이의 오른손 음렬 'a♭²-g²-f²-c³'에서는 그 역행 음렬 'c-f-g-a♭'과 제1악장 제2주제 음렬과의 일치라는 창의성이 발견된다.

제2쿠플레(C)는 a♭단조~E장조. 이것은 선율적, 화성적으로 이미 등장한 두 악상(A, B)의 영향을 받은 것이지만, 16분음표 셋잇단음표의 고동에 의해 행복한 르프렝과 명상적인 제1쿠플레와의 성격 대비가 의도되어 있다. 이 셋잇단음표로의 분박 변화는 제3악장을 위한 포석으로서도 충분히 중요하다. 서식은 3성부이다. E장조를 향한 과감한 조바꿈에 의해 제1악장 이래 플랫조의 지배가 무너지고 음악은 새로운 광채를 발한다.

르프렝 재현(A″)은 제2쿠플레 이래 16분음표 셋잇단음표의 스트로크에 의해 변주된다. 후주에서 강조되는 셋잇단음 선회구(마디 70-73)는 제3악장에 그 유전자를 잇는 것이 될 것이다.

제3악장 '론도' c단조 $\frac{2}{2}$ 박자 Allegro

저음역의 중후한 울림으로 시작하는 앞의 두 악장과는 대조적으로, 마지막 악장은 첫머리 고음역에 가냘픈 가성을 들려준다. 약간의 불안함을 띤 슬픔의 상처를 노래하는 가락—이는 모차르트 음악에 대한 낡은 표현인 '질주하는 슬픔'이라는 앙리 게온의 한 구절*6을 떠올리게 한다.

르프렝(A)과 두 개의 쿠플레(B, C)가 'ABA-C-A′B′A″-코다'를 순환한다.

> **르프렝(A)** (마디 0-17). 제1악단(마디 0-8), 제2악단(마디 8-17), 추이절(마디 18-25)
>
> **제1쿠플레(B)** (마디 25-61). 제1악단(마디 25-33), 제2악단(마디 33-43), 제3악단(마디 43-51), 제4악단(마디 51-61)
>
> **르프렝(A)** (마디 61-78). 제1악단(마디 61-69), 제2악단(마디 69-78)
>
> **제2쿠플레(C)** (마디 78-106). 제1악단(마디 78-98), 제2악단(마디 98-106), 추이절(마디 106-120)
>
> **르프렝(A′)** (마디 120-134). 제1악단(마디 120-128), 제2악단(마디 128-134)
>
> **제1쿠플레(B′)** (마디 134-170). 제1악단(마디 134-143), 제2악단(마디 143-153), 제3악단(마디 153-170)
>
> **르프렝(A″)** (마디 170-182). 제1악단(마디 170-178), 후주(마디 178-182)
>
> **코다** (마디 182-210). 제1악단(마디 182-193), 제2악단(마디 193-202), 제3악단(마디 202-210)

르프렝(A). '선율 : 반주'라는 명쾌한 2성부 서식. 이 주제에 대해서는 이하 네 가지 점에 유의해야 한다. 첫째, 첫머리 4음 음렬은 제1악장 제2주제와 관계한다. 둘째, 첫 프레이즈(마디 1-3)와 마지막 프레이즈(마디 6-8)는 음렬적으로 동일하며 그 결과 여덟 마디의 선율은 제5마디 'a♭2' 음을 정점으로 한 좌우 대칭적 아웃라인을 나타내게 된다. 셋째, 이 주제는 제2악장 주선율과 밀접하게 관계하고 있다. 넷째, 르프렝 전 열일곱 마디는 서서히 악절을 단축하는

구조 '4+4+3+2+2+1+1'에 따라 f의 종지를 향해 효과적으로 긴장이 고조된다.

제1쿠플레(B)는 E♭장조. 제1악단의 서식은 르프렝과 같은 고안 방식으로 인해 같은 분위기를 연출한다. 왼손 베이스의 동향(e♭ - a♭ - g - d - e♭)이 제2악장 르프렝의 베이스와 일치하는 것은 우연인 것일까?—제2악단. 8분음표 셋잇단음표의 선회구는 머지않아 양손에 모방적 응수를 불러오고, 음계와 아르페지오를 빠르게 달려 지나가 E♭장조 종지에 이른다. 제3악단은 화성적으로 새로운 주제를 제시한다.

제2쿠플레(C). 르프렝과 같은 8분음표 세 음의 상박구가 A♭장조 으뜸화음을 끌어들인다. 2분음표를 주체로 한 차분하고 평온한 음의 진행에서 소박한 서정의 향기가 느껴진다. 서식은 2성부를 기본으로 하면서 그때그때 필요할 때마다 세 번째 성부(안 성부)를 불러들인다. 선율과 대선율과의 사이에는 항상 반진행의 동향이 의도되어 있다. 대선율의 하행 5도 음렬(왼손 a♭ - d♭ - g - c)은 르프렝 마디 5-6 부분 및 제2악장 마디 5-7 부분과 관계한다. 싱커페이션의 대선율이 머지않아 8분음표의 음계구에서 변용하여 가속감을 높인다.

제1쿠플레 재현(B′)은 C장조로 시작하여 c단조로 이동한다.

코다는 제1쿠플레 제2악단의 서식으로 시작한다. sf의 격렬한 대항 후, A♭장조로의 충동적인 항로 변경이 일어난다. 건반의 가장 높은 음의 절규 ff, 음계의 붕괴, A♭장조에서 회상하는 르프렝의 가락(상박이 8분음표 두 음으로 단축된 점에 주의)—. 주저하는 듯한 pp 후에, 단호한 종지 ff가 집행된다. 그것은 하행 음계구와 화음 종지구 'D-T'와의 불꽃 튀기는 일대일 한판 승부이다.

두 개의 소나타 Op. 14

[작곡 시기] 1798–1799년

[초　　판] 1799년 12월. 빈, 모로 사

[헌　　정] 요제피네 폰 브라운(Josephine von Braun) 남작 부인

엄숙한 '비창 Op. 13'과 명랑하고 쾌활한 '두 개의 소나타 Op. 14'가 같은 시기에 작곡되었다는 사실은 매우 흥미롭다. 베토벤에게는 대조적인 성격의 작품을 병행하여 작곡하는 경향이 있었다. 피아노 소나타에서는 Op. 2 No. 1 & 2 두 곡, Op. 10 No. 1 & 2 두 곡, Op. 27의 두 곡, Op. 31 No. 1 & 2 두 곡, Op. 78 & 79 두 곡 등이 그 예이다. 이러한 다른 두 종류의 양립은 어느 극단적인 개성에 치우치는 것을 원하지 않는 창작 정신이 스스로 균형을 유지하려는 모습을 연상시킨다.

'두 개의 소나타 Op. 14'는 모두 3악장 구성이면서도 그 내용에는 개성적인 차이가 보인다. 첫 번째 곡(E장조)은 '알레그로, 알레그레토, 론도(알레그로)', 두 번째 곡(G장조)은 '알레그로, 안단테(변주곡), 스케르초'로 이루어져 있다. 주의해야 할 점은 어느 쪽도 아다지오 악장을 가지고 있지 않다는 점이다.

가령 베토벤이 이 소나타를 현악 4중주용으로 편곡했다는 사실*7을 모른다고 하더라도, 이 작품이 뛰어난 실내악적인 작품이라는 것을 곧바로 이해할 수 있을 것이다. 다만 베토벤의 많은 초기 작품들은 현악 4중주곡으로 편곡 가능한 것이기는 했지만, 그중에서 'E장조 소나타'가 특히 편곡의 대상이 된 이유는 그 악상의 성질에 있을 것이다. 이 작품은 현악 4중주 특유의 편안함, 마치 집에서 쉬는 것과 같은 분위기를 가장 많이 갖춘 피아노 소나타라고 말할 수 있다. 그러한 친밀감은 슈베르트 소나타의 성질에도 상통하는 것이다.

세 개의 악장은 템포상 같은 성격을 가지는 경향이 있다. 이를테면 어느 악장도 너무 빠르지도 너무 느리지도 않다는 것이다. 그 같은 성격은 E조 조성의 통일이라는 구상에 의해 한층 더 강해진다.

제1악장 E장조 $\frac{4}{4}$ 박자 Allegro

제시부 (마디 0-60). 제1주제(마디 1-22), 제2주제(마디 22-38), 제3주제(마디 38-56), 후주(마디 57-60)

전개부 (마디 61-90). 제1악단(마디 61b-64), 제2악단(마디 65-81), 제3악단(마디 81-90)

재현부 (마디 91-147). 제1주제(마디 91-113), 제2주제(마디 113-129), 제3주제(마디 129-147)

코다 (마디 148-162)

제시부. 제1주제는 두 개의 악상으로 이루어진다. 제1악상은 2분음표를 주체로 한 전원적이며 목가적인 선율이다. 그 네 마디의 아웃라인 'b¹-c$^{\#}$²-d$^{\#}$²-e³'을 a라고 한다. 이 상행 테트라 코드 음렬은 제4마디에서 단축 및 요약되는 것 이외에도 이 악장의 도처에 그 모습을 보이게 된다. 제2악상은 양손에서 속삭이듯이 섞이는 16분음표의 경쾌하고 즐거운 음형이다. 이것도 a로부터 도출된 것이다. 제2주제는 B장조. 무반주의 주제 도입은 모차르트의 수법을 떠올리게 한다. 첫 부분의 상행구 'f$^{\#}$² - e² - d$^{\#}$² - c$^{\#}$²(-b¹)'는 a의 반전 음렬일 뿐이다. 제3주제는 4성부 서식이다. 다양한 악상이 연달아 이어진다. 마디 46-49 부분의 'g'음의 변위(♮/♯)는 음미해야 할 소리의 변동이다.

전개부. 제1악단에서는 제1주제가 짧게 언급되지만 제2악단에서는 오른손 옥타브의 새로운 선율이 음악의 흐름을 지배한다. 이 선율은 a단조로 시작하여 C장조를 거쳐 e단조에 이른다. 제3악단은 제1주제의 서식에 따른 추이 후주절이다.

재현부. 제1주제에서는 상행 음계의 대선율(왼손)이 고양된 기분을 이야기한다. 제2~제3주제는 E장조이다.

코다는 제1주제의 서식에 따른다. 낮은 성부 'F'음의 변위 교대(♮/♯)에 제3주제의 영향이 엿보인다. 높게 올라가는 오른손 음역에 반해 줄어드는 음량—이는 부피를 늘리면서 중량을 줄이는 개성적인 물리 현상과 같다.

제2악장 e단조 $\frac{3}{4}$ 박자 Allegretto

곡의 종류는 명시되어 있지 않다. 미뉴에트와 스케르초의 혼합처럼 보인다. 단지 전후의 알레그로 악장과의 밸런스에서 비알레그로(이 경우 '알레그레토')의 템포는 불가역적인 것이어서 다소 차분한 보행조와 멜랑콜리한 곡조가 서로 작용하여 전체에 레가토의 서정적 음악적 취향을 불러오게 된다. 서식은 3성부를 거쳐 4~3성부로 이루어진다.

주부 (마디 1-61). 제1악단(마디 1-16), 제2악단(마디 17-32), 제3악단(마디 32-51), 제4악단(마디 51-61)

중간부 (마디 62-100). 제1악단(마디 63-78), 제2악단(마디 79-88), 제3악단(마디 89-100)

주부 재현은 다 카포 지시가 있으므로 생략

코다 (마디 101-116)

주부. 토닉을 떠나지 않는 자수음 음형(e¹-d$^{\#}$¹-e¹)(a), 그리고 밀집화성의 무거운 음향이 북유럽풍 발라드의 정취를 떠올리게 한다 (15년 후에 작곡된 같은 e단조의 '소나타 Op. 90' 제1악장은 이 2악장의 자손과 같다). 제2악단에서는 a가 연달아 등장하여 그 변격 화성법에 오래되고 낡은 코랄의 정취를 풍긴다. 제3악단에는 a단조를 향한 일시적 일탈이 일어난다.

중간부(Maggiore)는 평온한 간주곡이다. 제1악단은 C장조~G장조. 제2악단은 C장조의 도미넌트 페달을 베이스에 깐다. 제3악단에서는 제1악단 전반부를 회고한 후, e단조 회귀가 다루어진다.

코다는 중간부 제3악단의 내용을 그대로 되풀이한다.

제3악장 '론도' E장조 $\frac{2}{2}$ 박자 Allegro comodo

론도의 구상은 'ABA′CA″B′A‴'로 정리될 수 있으나, 제1쿠플레(B)가 극단적으로 짧고 제2쿠플레(C)가 상당히 긴 것에서 3부분

형식(ABA´-C- A´´B´A´´´)으로 볼 수도 있다.

> 르프렝(A) (마디 0-21). 제1악단(마디 0-8), 제2악단(마디 8-21)
>
> 제1쿠플레(B) (마디 21-30)
>
> 르프렝(A´) (마디 30-47). 제1악단(마디 30-38), 제2악단(마디 38-47)
>
> 제2쿠플레(C) (마디 47-83). 제1악단(마디 47-65), 제2악단(마디 66-83)
>
> 르프렝(A´´) (마디 83-98). 제1악단(마디 83-91), 제2악단(마디 91-98)
>
> 제1쿠플레 (B´) (마디 98-108)
>
> 르프렝(A´´´) (마디 108-131). 제1악단(마디 108-121), 제2악단(마디 121-131)

르프렝(A). 오른손 옥타브로 연주되는 선율은 강약약격(dactyl)의(2분음표~4분음표~4분음표) 리듬(제1마디)을 선언한 후 버금딸림음 'a¹'의 7연타라는 기행에 이른다. 딸림7화음에 이르러 왼손 8분음표 셋잇단음표가 멈추고 16분음표의 하행 음계구가 경쾌하게 발산하며 저음역에서 종지한다. 제2악단은 B장조로 조바꿈한다. 16분음표 음계구가 상행 형태로 반전된다.

제1쿠플레(B)는 무반주의 2분음표 악구로 시작하여 프레이즈의 후반부에서 화성의 도움을 받는다. 이 제시 방식은 제1악장 제2주제와 관련 있다. 감4도를 포함한 개성적인 음렬 'b²-b¹-f^{x1}-g^{#1}'이 자매곡인 'G장조 소나타 Op. 14 No. 2' 제1악장 제1주제 'd¹-d²-a^{#1}-b¹'과 통하는 것은 작곡가 자신이 의도했던 것일까?

제2쿠플레(C)는 전체 서른일곱 마디이다. 그 길이는 제1쿠플레(전체 열 마디)는 물론 르프렝(전체 스물한 마디)과 비교해도 눈에 띈다. 여기서는 8분음표 셋잇단음표가 오른손에서 튀어나와 분산화음의 즉흥을 만들어 낸다. 심플한 화성 구상은 하이든풍이다. 제1악단은 G장조~a단조~b단조~G장조~e단조. 제2악단은 e단조이다.

르프렝 재현(A´´)에서는 제1악단 후 A장조로 추이가 행해진다. 따라서 본래 E장조에 재현되어야 할 제1쿠플레(B´)도 이 버금딸림조(A장조)로 연주된다.

마지막의 르프렝(A´´´)은 변주 및 확장한다. 싱커페이션의 도입에 의해 소란이 일어나고, 좌우의 옥타브가 매섭게 대립하는 **ff** 후에 왼손 옥타브에 강약약격 음형이 위협적으로 울려 퍼진다. 한 번 더 나타나는 르프렝의 가락은 산들바람과 같은 8분음표로 연주된다. 마지막을 장식하는 유니즌의 쾌재 'b²-e²'(하행 5도)는 이 소나타

처음의 두 음 'b¹-e²'(상행 4도)에 대한 회답구와 다름없다.

작지만 맑고 우아한 훌륭한 작품이다. 자매작인 'E장조 소나타'의 서식이 실내악적인 것에 반해 'G장조 소나타'는 2성부 혹은 3성부의 피아니스틱한 화성의 서식을 취하며 가느다란 울림의 실루엣에 섬세한 시적인 정취가 감돈다. 소박한 모습은 고전적이지만, 한편으로는 새로운 3악장 소나타의 모습을 모색하고 있다는 사실도 간과할 수 없다. 제2악장을 변주곡, 마지막 악장을 스케르초로 삼는 시도가 바로 그것이다.

제1악장 G장조 $\frac{2}{4}$박자 Allegro

엄밀하게 말하자면 템포는 Allegro moderato여야 할 것이다. 차분한 소리의 전달에 베토벤다운 휴머니티가 온통 가득하다.

> 제시부 (마디 0-63). 제1주제(마디 0-25), 제2주제(마디 26-47), 후주(마디 47-63)
>
> 전개부 (마디 63-124). 제1악단(마디 63-73), 제2악단(마디 74-80), 제3악단(마디 81-98), 제4악단(마디 98-107), 제5악단(마디 107-115), 제6악단(마디 115-124)
>
> 재현부 (마디 124-187). 제1주제(마디 124-152), 제2주제(마디 153-174), 후주(마디 174-187)
>
> 코다 (마디 187-200)

제시부 제1주제는 두 개의 악상을 가지고 있다. 제1악상(a)(마디 0-8)의 우아하고 부드러운 선율선은 현악기의 활 사용을 상기시킨다. 왼손은 마디 첫 음이 빠진 형태의 분산화음을 온화하게 만들어 낸다. 제2악상(마디 8-25)은 'd²'음을 축으로 한 안정된 선율선을 보여준다. *sf*에 강조되는 2도 하행 음형(제10마디에 처음 등장한다)이 이후 선율적 전개의 주된 동기가 된다. 악절은 '3~2~1(마디)'로 서서히 단축되고 마침내 반 마디(16분음표 여섯잇단음표) 단위의 악구 반복에 이른다. 제2주제는 D장조. 숲속의 산들바람과도 닮은 이 선율은 3도 중음의 부점 리듬 음형으로 시작하여 2도 하행의 섬세하게 반복되는 같은 악구에 생기발랄한 희열을 더한다.

전개부. 제1악단은 제1주제 a에 따른다. g단조~B♭장조. 제2악단은 제2주제에 따른다. B♭장조~g(c)단조. 제3악단에서는 왼손이 제1주제 a를 강하게 연주한다. A♭장조~g단조. 그 후 조바꿈(f단조~ B♭장조~E♭장조)의 진행 과정에서 주제는 원형에서 멀어져 스타카토 16분음표구로 변모한다. 제4악단은 한 번 더 제1주제 a를 나타낸다. 이 장면을 재현부 개시와 같이 착각하게 만드는 것은 베토벤의 독

자적인 책략이다(Op. 2 No. 3, Op. 10 No. 2 각각 제 1악장 전개부에서 비슷한 예를 찾아볼 수 있다). E♭장조~g단조. 제5악단에서는 g단조의 도미넌트 'd'음의 베이스 페달 위에 32분음표의 빠른 악구가 사용된다. 이는 제2주제의 후반부 마디 41-46과 관련 있다. 전개부가 제시부의 길이(전 63마디)에 바로 영향력을 발휘하려고 하기 직전, 베토벤은 갑작스러운 강한 연주(마디 121)로 전개를 중단한다. 훌륭한 균형 감각이다. 그의 소나타 악장에서 전개부의 규모가 제시부의 규모를 웃도는 것은 중기 이후의 일이다.

재현부는 대체로 제시부에 준한다. 코다는 참으로 감미로움의 극치이다. 제1주제 a가 동경심을 간직한 가성의 날개를 펼치고 다시 조용하게 접는다. 귀에 속삭이는 듯한 돈꾸밈음이 마지막 프레이즈를 부드럽게 마무리한다.

제2악장 C장조 $\frac{2}{2}$ **박자 Andante**

변주곡 피아노 소나타의 첫 등판이다. 후기 소나타의 변주곡 악장은 종종 규모가 큰 대작의 구조를 가지지만, 이 악장은 아담하고 소박한 인터메초의 본분을 다하고 있다. 베토벤은 여기서 간결한 운필을 지향하면서 기량에 맡긴 악상이 번잡해짐을 스스로 경계하였다.

주부 (마디 0-20). 제1변주(마디 20-40). 제2변주(마디 40b-60). 간주(마디 60b-64). 제3변주(마디 65-84). 코다(마디 84-90).

주제는 전 악단 여덟 마디, 후 악단 열두 마디이다. 전자에는 반복이 없고(La prima parte senza replica) 후자에는 반복이 있다. 음악적 분위기는 행진곡풍에 서식은 교과서적인 4성부 화성 양식이다. 스타카토와 레가토의 터치가 뒤얽힌 것은 현악기 연주 효과를 방불케 한다. 전 악단은 C장조~G장조, 후 악단은 C장조. 후 악단은 세 개의 악절을 포함한다. 제1악절은 중간과 높은 음역에서 레가토의 터치로 치기 시작한다. 제2악절은 전 악단의 단축된 재현이다. 제3악절은 후주에 속한다.

제1변주. 서식은 3성부이다. 주제 주선율은 왼손 테너 성부에서 유지되고 오른손은 싱커페이션의 대선율을 연주한다.

제2변주. 상박의 8분음표 화음이 건조한 피치카토의 효과를 연출한다. 하박(단음)보다도 상박(화음)에 무게를 실은 수법이 개성적이다.

간주의 삽입은 흠 잡을 데 없을 정도로 아름다운 배려이다. 세 개의 변주를 그대로 연달아 일어나게 했다 하더라도 아무런 문제가 없지만 그 단조로운 흐름에 무료함을 느끼기 시작하는 듣는 사람도 나타나기 시작하려 할 때쯤 베토벤은 이 네 마디의 짧은 간주

를 넣어서 마지막 변주를 향한 기대감을 신선하게 지켰던 것이다.

제3변주는 듀오풍의 2성부 서식이다. 왼손이 주제인 베이스 성부를 첼로 활 연주의 뉘앙스로 낭랑하게 노래하는 한편, 오른손은 16분음표의 분산화음에 주제 주선율을 집어 넣어 조용하고 아름다운 아라베스크를 펼친다.

코다는 스타카토의 약한 연주를 통해 주제 첫 부분을 회상한다. 마지막 세 마디에서는 쉼표에 의해 프레이즈가 끊어지고 각각의 음절이 높고 낮은 음역으로 분배된다. 별안간 대음량 $\boldsymbol{ff}$로 쳐서 울려 퍼지는 마지막 으뜸화음—그것은 하이든의 《놀람》교향곡에 대한 오마주인 듯하다.

제3악장 '스케르초' G장조 $\frac{3}{8}$ **박자 Allegro assai**

'스케르초'를 4악장 소나타의 제3악장(무곡 악장)으로 생각해 본다면, 이 'G장조 소나타'는 마지막 악장이 빠진 몸통뿐인 것이 된다. 하지만 물론 이 소나타는 훌륭하고 당당한 완성된 작품이다. 그래서 이 '스케르초'라는 표제는 악곡의 테마를 나타내는 말로 해석된다. 요컨대 이 악장은 스케르초(해학적 음악)의 성격을 띤 론도=피날레이다.

곡의 구상은 비대칭형 론도(ABA'CAD코다)이다. 제1쿠플레(B)는 짧게 간주적인 것에 비해 제2(C), 제3(D)쿠플레는 각각 긴 섹션을 이룬다. 'D장조 소나타 Op. 10 No. 3' 마지막 악장의 경우와 비슷하며 도처에 뿔뿔이 흩어진 쉼표나 페르마타가 즉흥 연주적 취향을 나타낸다.

르프렝(A) (마디 0-22). 제1악절(마디 0-8), 제2악절(마디 8-16), 제3악절(마디 16-22)

제1쿠플레(B) (마디 23-41)

르프렝(A') (마디 42-64). 제1악절(마디 42-50), 제2악절(마디 50-58), 제3악절(마디 58-64). 추이절(마디 64-73)

제2쿠플레(C) (마디 73-124). 제1악단(마디 73-88), 제2악단(마디 88-108), 제3악단(마디 108-124), 추이절(마디 124-138)

르프렝(A) (마디 138-160)

추이 전개부(마디 160-189)

제3쿠플레(D) (마디 189-237). 제1악단(마디 189-213), 제2악단(마디 213-237)

코다 (마디 237-254)

르프렝(A)는 기민한 순차 상행 3음 악구(a)의 솔로로 시작한다. $\frac{2}{8}$박자의 분절이 청자의 리듬 감각을 어지럽힌다. 확실히 '스케르초'적인 장난질이다. 제1, 제3악절의 16분음표 분박은 제2악절에서

보다 연속적인 16분음표 셋잇단음표(b)를 향해 변화를 보여준다. 여기저기에 이 작곡가가 좋아하는 '문 두드리는 소리'가 들린다(제9-10마디의 왼손, 제14-15마디의 오른손).

제1쿠플레(B)는 e단조~a단조. 도미넌트 화음 f와 16분음표 셋잇단음표구 p와의 간단한 대비의 즉흥이다. 후자의 오른손에는 a음렬이 은밀하게 편입된다(마디 25-26 'e²-f♯²-g²', 마디 37-38 'a²-b²-c³').

제2쿠플레(C)는 C장조이다. 이는 제3악장 전체의 '트리오(중간부)'에 상당한다. 네 마디 악절을 거느린 악상은 렌틀러풍이다. 선율 첫 부분에 a음렬 'e²-f♯²-g²'가 각인된다.

추이 전개부에서는 b가 왼손과 오른손에 배치된다(G장조~e단조~F장조). F장조에서의 르프렝의 유사 재현(제174마디~)은 a단조를 거쳐서 G장조 종지에 이른다.

제3쿠플레(D)는 G장조. 중간 성부 영역에 선회하는 16분음표 셋잇단음표(오른손)를 걸쳐서 왼손이 짧은 프레이즈를 고음과 저음역에 호응시킨다. 16분음표 두잇단음표에 대한 분박 변화 부분(마디 201-209)에는 르프렝의 음렬 및 분절이 반영된다.

코다는 르프렝의 내용에 준한다. 오른손의 프레이즈가 르프렝의 원래 형태보다도 한 마디 늦게 시작한다는 사실에 주의할 필요가 있다. 또한 이 한 마디 늦게 출발하는 현상이 제3쿠플레로 거슬러 올라가는 사실에도. 곡의 마지막에 오는 것은 베토벤에게 기대하기 쉬운 단호한 으뜸화음의 센 연주가 아닌, 삐걱거리는 듯한 저음의 중얼거림이다. 이 얼마나 나쁜 태도인가! 예상대로 이는 스케르초 그 이상도 이하도 아니다.

소나타 B♭장조 Op. 22

[작곡 시기] 1799–1800년
[초   판] 1802년 3월. 빈 및 라이프치히, 호프마이스터 사
[헌   정] 한 게오르크 폰 브라운(Johann Georg von Browne) 백작

출판사 호프마이스터 사를 향해 베토벤이 당당하게 가슴을 펴고 '월등하게 훌륭한 성과'라고 자신 있게 말한[*8] 이 'B♭장조 소나타 Op. 22'는 그가 통상의 4악장 소나타 형식에 충성을 다한 마지막 작품 중 하나가 되었다. 그것은 다음 작품 'A♭장조 소나타 Op. 26'를 시작으로 한 소나타 대혁명 전야의, 뭔가 불안하기까지 한 평온의 일지를 보는 것 같다.

'월등하게 훌륭한 성과'라는 작곡가의 자부심에도 불구하고, 이 작품은 그의 소나타 중에서 가장 인기가 없는 작품 중 하나였다. 더할 나위 없이 훌륭한 작품인 만큼 매력이 떨어지는 이 아이러니

한 현상은 예술의 세계에서는 흔한 현상이다. 하지만 이 소나타를 그 일례로 치부해 버리기에는 아까운 수많은 창의성이 이 작품에 존재한다. 전 악장을 이어주는 씨실의 역할을 하는 모티브, 짧은 동기에 의한 소나타 구축법(제1악장), 낭만파 아다지오 양식의 선구라고 볼 수 있는 아름답고 우아한 칸틸레나 양식(제2악장), 고전 악식을 희화한 미뉴에트(제3악장), 그리하여 대담한 불협화음의 시행(전 악장)이 바로 그것이다.

제1악장 B♭장조 $\frac{4}{4}$ 박자 Allegro con brio
　제시부 (마디 0-68). 제1주제(마디 0-11), 추이절(마디 11-21), 제2주제(마디 21-30), 제3주제(마디 30-56), 후주(마디 56-68)
　전개부 (마디 68-127). 제1악단(마디 68-81), 제2악단(마디 81-91), 제3악단(마디 91-104), 제4악단(마디 105-127)
　재현부 (마디 127-199). 제1주제(마디 127-138), 추이절(마디 138-152), 제2주제(마디 152-161), 제3주제(마디 161-187), 후주부(마디 187-199)

제시부. 제1주제는 두 개의 악상에 의해 이루어진다. 제1악상 a(마디 0-4)는 네 개의 16분음표의 동기 'b♭-a-b♭-f'를 나타낸다. 제2악상(마디 4-8)은 고음역을 가로지르는 선율이다. 그 아웃라인 'b♭²-c³-b♭²-a²-g²…'는 제3악장 중간부와 제4악장에 그 모습을 투영하고, 동시에 제2악장 칸틸레나와 제3악장 미뉴에트에 그 반전 음렬을 제공하게 된다. 추이절의 부점(복부점) 리듬 악구는 푸가토의 시작을 상기시키지만 다성적 전개에는 이르지 못한다. 제2주제는 F장조이다. 플루트 부는 소리와 닮은 선율이 고음역에 씩씩하고 경쾌하게 깔리고, 왼손의 16분음표 음계와 합쳐진 트릴 악구와 대립한다. 제3주제는 첫머리 세 음의 음렬과 리듬을 제2주제와 같게 하지만, 프레이즈의 기점이 반 마디 오른쪽으로 이동된다. 후주에서는 베이스의 토닉 트레몰로 위에 제3주제의 잔상이 나타난다. 갑자기 나타나는 양손 옥타브 유니즌 악구(b)가 요란하게 F장조의 음계를 오르내린다. F장조 종지구에는 a가 애처롭게 다루어진다.

전개부에서 베토벤은 세 개의 주제에 거의 중점을 두지 않고 제시부 후주의 b를 소재로 삼아 즉흥적 부연에 힘쓴다. 제1악단(F장조~g단조)은 제시부 후주를 뒤집어 만든 것이다. 제2악단(g단조~c단조~f단조)에서는 c에 상행(왼손) / 하행(오른손)의 반진행으로 처리된다. 제3악단은 전개의 절정이다. 오른손이 화려한 16분음표 악구(a를 포함한다)를 펼쳐, 베이스에 반음계 하행의 라인이 그어진다. 제4악단(A♭장조~f단조~B♭조)에서는 7도의 분산화음의 애매 모호한 울림 속에서 변형된 b가 저음역을 조용하게 기어간다. 감8도(D♮/d♭¹, G♮1/g♭²)를 마다하지 않는 화성법은 1800년의 작품으

로서는 대담하지만, 당시의 사람들은 그것을 대담한 것으로서 존중하지 않고 거슬리는 소리로 받아들여 눈살을 찌푸렸을지도 모른다. 제시부 전 육십팔 마디에 대한 전개부 육십 마디. 여기서도 베토벤은 아슬아슬한 경계선에서 '제시〉전개'라는 고전적인 균형을 유지하고 있다.

재현부에는 주목할 만한 변화는 보이지 않는다. 코다는 필요 없다고 판단된다.

제2악장 E♭장조 $\frac{9}{8}$박자 Adagio con molta espressione

느린 악장 부재의 Op. 14에 이어 이 소나타에서 베토벤은 마음껏 아다지오의 시공간에 스며든다. 잔잔한 화음의 박동 위에 도도하게 가로지르는 칸틸레나는 지금까지 작곡된 서장 악장의 어디에서도 훌륭하고 도취적이며, 낭만적인 음악 표현을 향한 접근은 더 이상 멈추게 할 방법이 없다.

> 제1부 (제시부)(마디 1-30). 제1주제(마디 1-12), 추이절(마디 12-18), 제2주제(마디 18-30)
> 제2부 (전개부)(마디 31-47). 제1악단(마디 31-38), 제2악단(마디 39-47)
> 제3부 (재현부)(마디 47-77). 제1주제(마디 47-57), 추이절(마디 57-65), 제2주제(마디 65-77)

제1부(제시부). 제1주제는 벨칸토풍인 한편 그 고상하고 깊고 풍부한 소리 음운은 클라리넷 음색을 연상시키기도 한다. 마디 3의 돈꾸밈음에서 'b♭¹' 및 'a♭¹'은 대담한 비화성음이다(제4악장 제154마디에 이와 같은 돈꾸밈음이 재현된다). 제4마디의 16분음표 악구(a)는 나중에 전개부의 주요한 소재가 된다. 제2주제(B♭장조)는 제1주제의 성격을 이어받은 선율이다. 후주는 제1주제 후반부(마디 9-12)와 대응한다.

제2부(전개부). 제1악단은 c단조로 시작한다. 왼손 8분음표 연타의 고요하고 편안한 분위기를 위협하는 비화성음(제32, 33마디)은 '트리스탄 화성'과도 닮았는데, 제1부의 행복한 음조와 대조적인 한탄과 번뇌의 감정을 표현한다. 마디 34 이후 a구가 오른손 2성부에 모방적 돌림 노래 형태로 연주된다. 제2악단에서는 a가 중간 성부와 아랫성부에서 6(3)도의 평행을 이루고, 그 위쪽에 단편적인 선율이 나타난다.

제3부(재현부)에서는 제1주제에 수많은 수려한 변주가 더해진다. 제2주제는 E♭장조. 코다는 따라붙지 않는다.

제3악장 '미뉴에트' B♭장조 $\frac{3}{4}$박자

베토벤이 옛 악곡 미뉴에트를 대신해서 새로운 악곡인 스케르초를 기용했다는 이해는 옳지 않다. 왜냐하면 그는 스케르초의 기용과 병행하여 미뉴에트의 개혁에도 전심을 다했기 때문이다. Op. 31 No. 3 제3악장이나 Op. 54 제1악장은 그렇게 새롭게 태어난 미뉴에트의 특별한 즐거움을 선사하는 실례이다.

이 3악장 또한 그 새로운 미뉴에트의 모습을 보여주는 귀한 작품 중 하나이다. 그것은 이를테면 귀족의 모습을 하고 덜렁대는 자, 아니 그 반대일지도 모른다. 어쨌든 한 구절로 설명하기 어려운 에스프리—훗날 카미유 생상스라는 천재만이 그 후계자에 이르렀던 것과 같이, 고도로 세련된 해학의 기지—가 여기저기서 빛을 발한다.

> 주부 (마디 0-30). 제1악단(마디 0-8), 제2악단(마디 8-16), 제3악단(마디 16-24), 제4악단(마디 24-30)
> 중간부 (마디 30-46). 제1악단(마디 30-38), 제2악단(마디 38-46)
> 주부 재현은 다 카포 지시가 있으므로 생략

주부. 제1악단. 선율 제3박 부분의 16분음표 악구(a)가 제2악장의 칸틸레나와 관련되어 있는 것은 명백하다. 제1악단은 F장조로 바뀌지 않고 악곡의 주요 조성으로 종지한다. 제6-7마디의 왼손 'g♭¹'과 오른손 'g¹, g²'와의 대사(Cross Relation)는 평범한 사람의 청각을 비웃는 듯하다. 제2악단은 g단조~E♭장조~B♭장조. 16분음표의 3중 트릴과 화성적 종지구가 교체된다. 제3악단은 제1악단의 변주 재현이고 제4악단은 후주이다. 점차적으로 단축되는 악구(마디 26-29)는 웃음보를 자극한다.

중간부(Minore)는 g단조의 작은 즉흥곡이다. 제1악단에서는 왼손에서 시작하는 16분음표의 빠른 악구가 왼쪽 건반의 절반을 여기저기 뛰어 돌아다닌다(그 음렬 'd¹-e♭¹-d¹-c¹' 등은 a음렬의 반전과 다름없다). 제2악단에는 카논적인 돌림 노래 기법이 도입되어 c단조~g단조의 시퀀스가 이루어진다.

제4악장 '론도' B♭장조 $\frac{2}{4}$박자 Allegretto

이 론도 주제와 이전 작품인 'E♭장조 소나타 Op. 7'의 마지막 악장 주제, 그리고 같은 시기의 작품인 '바이올린 소나타 F장조 Op. 24'의 마지막 악장 주제 사이에는 너무 빠르지 않은 템포, 음역, 상박 기점의 선율법, 안쪽 성부의 도미넌트음 연타 등 명백한 유사점이 존재한다. 이 작품들에서는 베토벤이라는 훌륭하고 열정이 많은 예술가가 그의 역량과 감정의 극대치를 추구하는 것이 아니라 그것을 억제하고 내성적 표현을 길러 음악을 온화한 미소로 채우고 있다. 이러한 소리의 부드러움은 특별하다.

> **르프렝(A)** (마디 0-18). 제1악절(마디 0-8), 제2악절(마디 8-18)
>
> **제1쿠플레(B)** (마디 18-40). 제1악절(마디 18-22), 제2악절(마디 22-32), 제3악절(마디 32-40), 추이절(마디 40-49)
>
> **르프렝(A)** (마디 49-67). 제1악절(마디 49-57), 제2악절(마디 57-67), 추이절(마디 67-72)
>
> **제2쿠플레(C)** (마디 72-103). 제1악단(마디 72-80), 제2악단(마디 80-95), 제3악단(마디 95-103). 추이절(마디 103-111)
>
> **르프렝(A′)** (마디 112-129). 제1악절(마디 112-119), 제2악절(마디 119-129)
>
> **제1쿠플레(B′)** (마디 129-152). 제1악절(마디 129-135), 제2악절(마디 135-145), 제3악절(마디 145-152)
>
> **르프렝 거짓 재현(A′′)** (마디 152-158). 추이절(마디 158-164)
>
> **르프렝(A′′′)** (마디 164-182). 제1악절(마디 164-172), 제2악절(마디 172-182)
>
> **코다** (마디 182-199)

르프렝(A). 16분음표와 8분음표를 주체로 한 선율(윗성부)(a)의 음렬은 대체적으로 순차적이다. 중간 성부는 처음 여섯 마디에 도미넌트 'f¹'의 16분음표 연타의 축을 통과한다.

제1쿠플레(B)는 세 개의 악절로 다른 성격을 나타낸다. 제1악절은 4성부의 앙상블이다. '부점 8분음표~두 개의 32분음표' 음형을 특징으로 하는 이 아상(b)은 이 후에 제2쿠플레 및 코다에서 언급된다. 제2악절은 F장조이다. 하프풍의 분산화음의 소개 후, 4성의 악상이 레가토로 펼쳐진다. 제24-25마디 왼손의 음렬 'a¹-b♭¹-c²'는 르프렝 제1-2마디 음렬 'a¹-b♭¹-b♮¹-c²'의 단축형이다. 제3악절에서는 오른손이 32분음표의 아르페지오를 중간과 높은 음역에 여기저기 펴뜨린다. 추이절에서는 르프렝 a구가 좌우의 손으로 대화를 한다.

제2쿠플레(C). 제1악단은 f단조의 작은 토카타이다. 오른손의 32분음표 그리고 왼손의 16분음표의 기계적인 운동이 저음역에서 일어나고, 서서히 음역과 음량이 높아진다. 제2악단은 b구 및 그 대선율에 따른 폴리포닉의 간주곡이다. 성부의 수는 2성부에서 3성부, 4성부로 늘어나고, 앙상블의 음역이 넓어진다. 좌우에 3도 중음을 배치한 중후한 음향은 브람스의 피아노 서법에, 그리고 거기에 우연히 이루어진 감8도(제89마디)나 증1도(제92마디)의 불협화음 음정은 버르토크의 화성법에 각각 연결되는 점이 있다.

르프렝(A′). 주선율이 제1악절에서는 왼손에 전치되고, 제2악절

에서는 분산 옥타브로 변주된다. 제1쿠플레(B′)는 B♭장조.

E♭장조에서 일어나는 르프렝 거짓 재현(A′′)은 완결에 도달하지 않고 c단조로 전향함과 동시에 왼손에서 중단된다. 이후 a구가 불안한 **pp**의 터치로 이곳저곳 기웃거리다가 B♭장조가 다시 돌아온다.

코다. 제1악단은 b구의 작은 전개부이다. 제2악단에서는 a구가 반박자 어긋나면서 두 성부에서 돌림 노래가 되어 저음역으로 가라앉는다. 베토벤은 마지막 두 개의 화음에서 'f²'음을 생략하여 이론도의 작별 인사에 어울리는 온화한 울림을 가져왔다.

주

---

*1 Alan Walker: *Franz Liszt, The Weimar Years 1848-1861*. Cornell University Press, 1989, p. 195.

*2 Carl Czerny: *On the Proper Performance of all Beethoven's works for the piano*, edited and with a Commentary by Paul Badura-Skoda, Universal Edition, 1970.

*3 François-René Tranchefort: *Guide de la musique de piano et de clavecin*, Fayard, 1987, p. 91.

*4 Wilhelm Kempff: *Beethoven, Die Klaviersonaten* (LP discs), Deutsche Grammophon MG 8603/ 13 (2721 095), p. 8.

*5 쉰들러에 의한 보고(Anton Felix Schindler: *Beethoven as I knew him*, Dover Publications, 2011, p. 406).

*6 Henri Ghéon: Promenades avec Mozart, l'homme, l'œuvre, le pays, Desclée de Brouwer & Cie, 1932, p.123.

*7 '관악 4중주곡 F장조 Hess 34'. 1801-1802년 작, 1802년 출판.

*8 1801년 1월 15일자의 호프마이스터(Franz Anton Hoffmeister) 앞으로 보낸 베토벤의 서한.

(원문 인용은 토오야마 역)

주 해

베토벤 피아노 소나타 중에서 자필보 소재가 확인된 것은 Op. 26, 27/2, 28, 53, 57, 78, 79, 81a(제1악장), 90, 101, 109, 110, 111이다. 이 열세 작품에 대해서는 자필보 및 초판이, 그 외의 작품에 대해서는 초판이 '원전'으로서 참조된다.

원전은 완전한 자료가 아니다. 자필보에는 잘못된 표기나 빠뜨리고 쓴 것, 명료하지 않은 표기 및 기입의 생략이, 초판에는 여러 음악 기호(슬러, 스타카토, 강약, 임시표, 장식음 등)가 충분히 갖추어져 있지 않거나 혹은 잘못 기입된 음이 여러 곳에서 보인다. 자필보와 초판의 세부적인 차이가 베토벤에 의한 수정인 것인지 인쇄할 때 발생한 뜻밖의 실수인지 분명하지 않은 경우도 많다.

본항에서는 이러한 원전의 문제점 중에 특히 중요한 것에 대해서 주석을 달 것이다. 덧붙여 이구치 모토나리 교정의 세부 내용과 여러 다른 판의 해석에 대해서도 코멘트할 것이다. (원제는 초판에 준한다.)

세 개의 소나타 Op. 2

원제: Trois sonates pour le clavecin ou pianoforte
원전: Artaria 사 초판. 자필보는 분실됨.

소나타 f단조 Op. 2 No. 1

제1악장

제62마디. 오른손 마지막에서 두 번째 8분음표의 임시표는 논의의 대상이 되고 있다. ❶초판 'd♭²', ❷모셸레스 교정판(Hallberger 사) 등 'd♮²'. 이론상 어느 쪽이든 가능하다. 초판에는 제64, 66마디 오른손 4분음표 'd♮¹'에 대해 ♮기호의 누락이라는 명백한 실수가 보이는 것을 고려해 본다면, 이 제62마디도 ♮의 누락이었을 가능성이 있다. 하지만 나는 ❶이 아름답다고 생각한다.

제76마디. 오른손 첫 8분음표는 초판에서 'd♭¹'. 단, 원주①에서 설명된 것처럼 제74, 78마디와의 정합성을 기하여, 'b♭'으로 고치는 것도 가능하다.

제140, 142마디. 오른손 부점 4분음표 'a♭¹'에는 짧은 전타음 'b♭'이 붙을 가능성이 있으나(제41, 43마디 참조), 초판에는 인쇄되어 있지 않다.

제3악장

제67마디. 오른손 마지막의 8분음표는 초판에 'b♮¹', 후대의 몇몇

에디션에 'b♭¹'로 표기되어 있는데, 후자가 자연스럽다.

제4악장

제2-5마디. 왼손의 '스타카토+악센트' 기호는 주요 동기의 소재를 나타내는 이구치 교정에 따른 것이다. 제189-195마디의 오른손도 마찬가지이다.

제34마디. 오른손 첫 4분음표는 'e♭+c¹'의 6도로 연주될 가능성이 있다(제173마디 참조).

제34, 36, 38마디 및 유사 부분. 오른손의 두 개의 옥타브 4분음표 '스타카토+슬러'는 초판에는 없다.

소나타 A장조 Op. 2 No. 2

제1악장

제54, 274마디. 이 지점에 *a tempo*가 기입되어야 한다고 나는 생각한다. 초판에는 이 지시가 누락되어 있다.

제104마디. 원주②에 설명된 '2분음표'란 오른손 'e¹'음이다. 물론 이것은 불필요하다.

제117b-118b마디. 초판 제117b마디에는 겹온쉼표(두 마디 쉼)를 의미하는 '2'라는 숫자가 적혀 있다. 하지만 이는 후대의 많은 에디션에서 단순히 온음표 '1'로 잘못 이해되었다. 겹온쉼표는 제114b-118b마디 부분의 다섯 마디로 악절의 형태를 벗어나 음률을 깨뜨리게 되지만, 이로 인해 제119마디의 조바꿈 효과가 높아진다.

제204마디. 원주①의 악보는 초판의 것이다. 제208마디에 비추어 보면, 이는 잘못 옮긴 것이라고 생각된다.

제2악장

제29마디. 원주③에 설명된 듀카스 교정판(Durand 사)의 음의 배치는 옳지 않다.

제4악장

제26-38마디, 123-133마디. 왼손 스타카토는 16분음표군에서 베이스 대선율의 소재를 보여주는 이구치의 교정에 의한 것이다.

제57-80마디, 88-90마디. 4분음표의 스타카토 기호는 초판에 없다.

제96, 99마디. *sf*'는 초판에 없지만 인쇄 당시에 실수가 있었을 가능성이 있다.

제127마디. 오늘날의 피아노에서 오른손은 다음과 같이 연주할

수도 있다(제30마디 참조). 당시 피아노 음역의 상한은 'f³'이었다.

소나타 C장조 Op. 2 No. 3

제1악장

제11-12마디. 오른손 스타카토는 초판에 없다.

제13-19, 67-72, 201-206마디. 왼손 스타카토, 슬러는 초판에 없다.

제2악장

제26마디. 왼손 'E₁'(옥타브 아래음)은 초판에 없지만 현대의 피아노에서는 당연히 보충되어야 한다. 당시 피아노 음역의 하한은 'F₁'이었다.

제3악장

제16마디. 초판에서는 왼손의 마지막으로부터 두 번째 8분음표 'f¹'에 임시표가 빠져 있다. 이 판에서의 ♯는 적절하고 타당한 보충이다.

제65-104마디. 오른손 *sf*음 이외에 스타카토는 초판에 없다.

제111-126마디. 오른손 슬러는 이구치에 의한 것이다. 이도 적절하고 타당한 보충이다.

소나타 E♭장조 Op. 7

원제: Grande sonate pour le clavecin ou pianoforte
원전: Artaria 사 초판. 자필보는 분실됨.

제1악장

제66마디. 오늘날의 피아노에서 오른손은 다음과 같이 연주할 수도 있다(제246마디 참조).

제2악장

제5마디. 오늘날의 피아노에서 왼손은 다음과 같이 연주하는 것도 가능하다.

제3악장

제133마디. 원주①에 언급된 쾰러 교정판(Peters 사)의 변경은 옳지 않다.

제4악장

제36, 40마디. 초판에서는 제36마디는 *p*가 아닌 *rf*로 기입되어 있으며, 제40마디의 *f*는 부재한다. 그러나 제129, 133마디와의 통일성을 기한 이구치 교정(제36마디 *p*, 제40마디 *f*)이 적절하고 타당하다.

제93마디. *a tempo*는 초판에 없지만, 당연히 보충되어야 할 것이다(이 보충은 제94마디의 첫 부분에서 이루어질 가능성도 있다).

세 개의 소나타 Op. 10

원제: Trois sonates pour le clavecin ou pianoforte
원전: Joseph Eder 사 초판. 자필보는 분실됨.

소나타 c단조 Op. 10 No. 1

제1악장

제161마디. 원주①의 악보는 초판의 것이다. 나는 이 판의 내용을 지지한다.

제2악장

제91마디. 오른손 윗성부의 4분음표와 부점 8분음표와의 사이에는 돈꾸밈음(제1, 9마디 등과 같다)이 삽입되어 있어도 이상하지 않다(제93마디 참조). 초판 제91마디에 돈꾸밈음은 부재하고 있지만, 이는 인쇄할 때 부주의하게 빠뜨렸을 가능성도 부정할 수 없다.

제3악장

제31마디. 이 판의 왼손 음의 배치는 초판에 준거하고 있다. 후대의 몇몇 에디션은 이것을 원주①에서 설명된 것과 같이 고쳐서 기입했다. 베토벤의 화성법에 비추어 보건대, 이렇듯 내용이 바뀐 가능성도 배제할 수 없다.

소나타 F장조 Op. 10 No. 2

제2악장

제9-14마디 부분의 *sf*(제3박)는 오른손(소프라노 및 알토)의 프레이즈가 노래하기 시작하는 것을 알리는 큐로 해석될 수 있다. 따라서 정확함에 기한다면 이 기호는 다음과 같이 연주되어야 할 것이다.

제3악장

제23마디. 초판에서의 지시는 ***p***. 원주①에 설명되었듯이 다른 판에서의 지시(***fp***)는 옳지 않다.

소나타 D장조 Op. 10 No. 3

제1악장

제15마디. 왼손 'E₁'은 오늘날의 피아노에서 당연히 보충되어야 할 음이다.

제98-104, 279-285마디. 오른손 엄지손가락 음의 스타카토 기호는 대선율의 소재를 보여주는 이구치 교정.

제104-105마디. 현대의 피아노에서 오른손은 다음과 같이 연주할 수도 있다(제285-286마디 참조).

제108, 112마디. 왼손 베이스 성부의 첫 2분음표(전후의 5도 진행 음렬을 고려함에 있어서)는 정확하게는 'B(제108마디), B₁(제112마디)'이었을 가능성이 있다(제289, 293마디 참조).

제4악장

제54-55마디. 원주①에 코멘트된 다른 판의 기보는 옳지 않다.

소나타 c단조 《비창》 Op. 13

원제: Grande sonates pathétique pour le clavecin ou pianoforte

원전: Hoffmeister 사 초판. 자필보는 분실됨.

제1악장

제10마디. 원주①. ***p***는 초판에서의 지시이고 ***fp***는 바람직하지 않다.

제39마디. 원주①에서 보여준 다른 판의 음의 배치 가능성은 완전히 배제할 수는 없다.

제132a마디. 이 제시부 말미의 반복 기호를 제11마디가 아닌 그라베 첫머리(제1마디)로의 회귀 지시로 보는 경향도 있다(루돌프 제르킨 등의 디스크 참조). 이는 일단 검토할 가치가 있는 해석이지만, 나는 초판에서 보여주는 대로 제11마디로 회귀하는 것이 자연

스럽다고 생각한다. 그라베 서주가 주는 인상은 어디까지나 그 일회성으로 인해 선명하고 강렬하기 때문이다.

제2악장

제17-22마디. 왼손 16분음표의 '스타카토+슬러' 기호는 초판에는 없다.

제3악장

제49마디. 원주①의 코멘트에서 언급된 다른 판은 어느 것도 옳지 않다.

두 개의 소나타 Op. 14

원제: Deux sonates pour le pianoforte

원전: Mollo 사 초판. 자필보는 분실됨.

소나타 G장조 Op. 14 No. 2

제1악장

제0마디. ***p***는 초판에 빠져 있다. 적절한 보충이다(제124마디 참조).

제43마디. 오늘날의 피아노에서 오른손은 다음과 같이 연주할 수도 있다(제170마디 참조).

제3악장

제0마디. ***p***는 초판에 빠져 있다. 적절한 보충이다(제42, 138마디 참조).

소나타 B♭장조 Op. 22

원제: Grande sonates pour le pianoforte

원전: Hoffmeister 사 초판. 자필보는 분실됨.

제1악장

제109, 111마디. 초판의 왼손 'D'에 변화표는 부재한다. 이 판에서는 오른손 'd♭¹'과의 관계에서 'D♭'으로 잘못 읽히지 않도록 ♮이 보충되었다. 이 '왼쪽 D♮:오른쪽 d♭¹'의 감8도 음정은 불협화음적이지만, 여기에는 다른 음렬의 대립이라는 베토벤의 진보적인 사고를 엿볼 수 있다. 제113, 115마디 '왼쪽 G♮₁ : 오른쪽 g♭'도 마찬가지이다.

연주 노트

이 판의 페달, 운지, 장식음 주법(악보 페이지 하단부의 각주)은 이구치 모토나리에 의한 것이다. 페달(오른쪽, 왼쪽)은 그 지시가 없는 경우에도 적절하게 사용할 것을 권장한다. 운지 및 장식음 주법에 대해서는 이구치의 제안을 참고하면서, 필요할 때마다 그 외의 방법도 생각해 보기를 권한다.

원칙적으로 반복의 지시에는 모두 따르기를 원한다. 단 그때, 반복 연주가 첫 연주의 완전한 모방이 되어서는 안 된다. 재연주는 음량, 터치, 뉘앙스 등 세부 내용에서 첫 연주와의 미묘한 변화를 더해줄 필요가 있다.

소나타 f단조 Op. 2 No. 1

제1악장

단정하게.

제5, 6마디. *sf*는 억양의 중점을 나타내는 것이므로 과도하게 세게 치지 않는다. 이 경우(제0-6마디), 음량은 *p*...이며 크레셴도는 지시되어 있지 않다.

제22, 24마디 및 유사 부분. *sf*를 지나치게 세게 치지 않는다. 어디까지나 약한 연주 *p* 안에서의 단음 강조이다.

제22, 24마디 및 유사 부분. 스타카토 4분음표에 악센트를 붙이기 않도록.

제2악장

선율은 극도의 레가토로, 음영이 풍부하게.

제2-3마디. 연주법의 제안:

제61마디. 피치카토처럼.

제3악장

주부는 멜랑콜리하게. 스타카토 4분음표에 불필요한 악센트를 붙이지 않도록. 트리오는 온화한 감정을 가지고 레가토로.

제11, 13, 19, 21, 35, 37마디. 오른손 전타음이 붙은 4분음표 연주법을 ❶ '두 개의 8분음표'(원주③)라고 할지, ❷ '16분음표~부점 8분음표'로 할지는 의견이 갈라지는 바이다. ❷의 근거로서 제22, 23

마디와의 기보의 차이점이 주목되는데, 음악적으로는 ❶이 자연스러울 것이다.

제59-62마디. 이 경우에서는 왼손을 잘 들음으로써 리듬이 정돈된 연주가 순조롭게 이루어진다.

제39-40마디(*Fine*). 악장의 마지막에 속도를 줄이지 않는다.

제4악장

강약 대비를 뚜렷하게. *f*, *ff*, *sf* 의 차이를 명료하게 표현한다.

제34-50, 173-188마디. 음량을 *p*로 유지한다. 크레셴도와 디미뉴엔도를 붙이지 않는다.

제59-108마디. 왼손 4분음표 화음은 행진곡풍이 되지 않도록 경쾌하고 가벼운 터치로.

제87-94마디 및 유사 부분. 오른손 옥타브 위의 음을 가능한 한 레가토로 연결할 것.

소나타 A장조 Op. 2 No. 2

제1악장

경쾌하게, 빠르고 민첩하게.

제0-8마디 및 유사 부분. 옥타브는 힘을 빼고 가벼운 손놀림으로.

제54, 2/4마디. 이 시점에서 *a tempo*.

제181-189마디 및 유사 부분. 다음과 같이 3성 돌림 노래 연주를 의식한다.

제181-199마디. 이 사이의 오른손 전타음은 박의 앞에 연주한다.

제221-224마디. 이 *calando*는 아주 약간의 감속을 의미한다. 제225마디 *f*에서 *a tempo*.

제2악장

현악 4중주의 소리 울림을 상상하면서. *ff*의 타건은 수직적이 아니라, 현악기의 수평적인 소리의 퍼짐처럼 들리게 한다.

제1-5마디 및 유사 부분에는 다음과 같은 오른쪽 페달의 사용을 추천한다.

제22마디. 오른손 돈꾸밈음. 정식의 연주법 '$g^{\#1}$-$a^{\#1}$-$g^{\#1}$-$f^{\#1}$-$g^{\#1}$'은 왼손 테너 성부와의 사이에 병행 8도를 발생시키므로 바람직하지 않다. 원주②에 명시된 연주법이 타당하다.

제3악장

주부는 긴장을 풀고 편안하게. 16분음표를 포함한 프레이즈는 경쾌한 손놀림으로.

제46, 48, 54, 56마디. *sf*는 오른손의 2성부 중첩에 대한 가이드이다. 지나치게 강하게 치지 않는다. 이때 왼손에는 악센트를 붙이지 않는다.

제4악장

제1마디 및 유사 부분. 다음과 같이 좌우 분할에 따라 오른손이 안정되고, 경쾌함이 늘어난다.

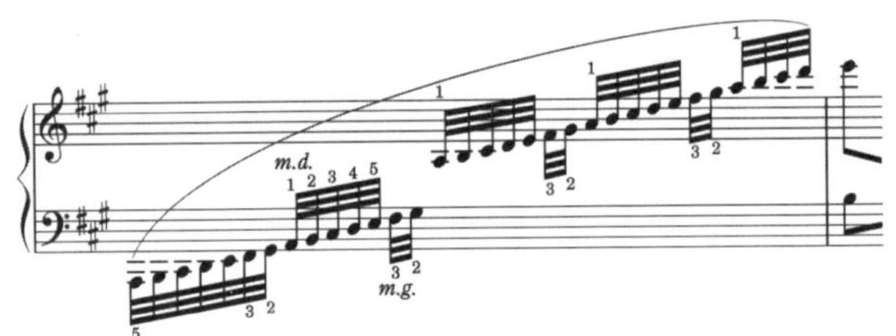

제2마디 및 유사 부분. 오른손 아래 방향 도약 후의 16분쉼표의 뉘앙스를 즐겨라.

제16-26, 115-123마디. 왼쪽 페달을 적절하게 사용하여 전후의 선율적 부분과의 분위기 차이를 표현한다.

제56-79마디 및 유사 부분. 8분음표 셋잇단음표구를 지나치게 공격적으로 연주하지 않도록. 화음 악구로 냉엄함을 표현한다.

제100마디. 연주법의 제안:

제177-179마디. 가장 온화하고 상냥한 감정을 담아서.

제182마디. 오른손 운지 제안:

제1악장

위엄과 행복함을 가지고.

제1-4마디 및 유사 부분. 오른손 운지의 제안:

제13-21마디 및 유사 부분. 힘을 빼고 **ff** 안에서도 경쾌함을 잃지 않도록 하는 것이 바람직하다.

제88-89마디. 현대의 피아노로 왼손은 다음과 같이 연주될 수 있다.

제147-150마디. 선율은 왼손에 있으며, 오른손(대선율)은 훨씬 약하고 가볍게 연주한다.

제232마디. 협주곡의 카덴차처럼 자유롭고 즉흥적으로.

제255-256마디. 현대의 피아노로 왼손은 다음과 같이 연주할 수도 있다.

제2악장

제11-16마디 및 유사 부분. 왼손 옥타브의 4분음표 악구는 수직적이 아닌 첼로+콘트라베이스의 레가토의 활 사용법을 모방한다.

제79-80마디. 리타르단도를 붙여서 대범하게 노래하듯이.

이어지는 제81-82마디는 일정한 템포로.

제3악장

스케르초 주부는 건조한 터치로 유머러스하게. 트리오는 표현을 의식적으로 억제하고 연습곡의 멜로디처럼.

제102-103마디. 오른손 운지의 제안: '532 153 215/321 532 1'.

제110-128마디. 왼손은 '얼버무리는' 것처럼. 마지막 세 마디에 리타르단도를 붙이지 않는다.

제4악장

제0-8마디 및 유사 부분. 오른손은 손목을 부드럽게 하고 어깨의 힘을 뺄 것.

제87-95마디. 왼손 베이스 음을 더욱 잘 들음으로써 도약이 쉽게 된다.

제253-256마디. 연주법의 제안:

제273-278마디. 연주법의 제안:

제298-301마디. 이 *calando*는 아주 적은 감속을 동반하는 데크레셴도. 이어지는 *rallentando*(제302-305)에서 더욱 확실하게 속도를 줄인다.

소나타 E♭장조 Op. 7

제1악장

여섯 박자 특유의 원만함을 지닌 리드감을 의식해서. 곳곳에서 무곡을 연주하는 듯한 감각으로.

제1-2마디 및 유사 부분. 왼손 연타음에서의 많은 손가락의 변환은 터치의 불균일을 초래할 우려가 있다. 다른 운지('512121/212121', '513333/333333' 등)도 시도해 보자.

제3마디. *sf*는 이 기호가 붙여진 음에만 적용된다. 그 이외의 음은 제8마디까지 전부 *p*이다.

제4-9마디. 다음과 같은 성부의 중복을 의식한다:

제127-132마디 및 유사 부분. 이 리듬은 다음과 같이 이해하는 것이 좋다:

제281마디. 왼손의 첫 8분음표 'E♭'은 현대의 피아노에서는 한 옥타브 낮게 (E♭₁) 연주해야 할 것이다.

제320-323마디. 왼손 연타음 'b♭'은 모두 '3'번 손가락으로 연주하는 것이 좋다.

제2악장

고귀한 감동과 느낌을 가지고. 빈번하게 기입된 셈여림과 악센트를 음미하면서.

제19, 23마디 및 유사 부분. 복부점 리듬을 부점과 확실히 구별하여.

제20, 21, 70, 71마디. *ff*의 스타카토 화음은 너무 날카롭지 않게. 오른쪽 페달을 얕게 밟아 알맞게 잔향을 만든다.

제74-78마디. 왼손 선율에 첼로의, 오른손에 바이올린의 활 사용을 상상하여 입체적인 울림을 만든다.

제3악장

주부(E♭장조)에서는 목관 앙상블의 온아한 소리를 상상하여.

제39-41마디. *mancando*는 약간의 감속을 동반하는 데크레셴도. 제43마디에서 *a tempo*가 된다.

제65-68마디. 리타르단도 없이.

제98, 102, 114, 118, 126, 130, 132, 133마디. *ffp*, *sf*는 그것이 표시된 음표만 강조할 것. 전후 부분의 음량은 세게 하지 않는다.

제146-149마디. 리타르단도 없이.

제4악장

제36마디 및 유사 부분. *tr*은 훨씬 우아하게 다음과 같이 연주해도 좋다.

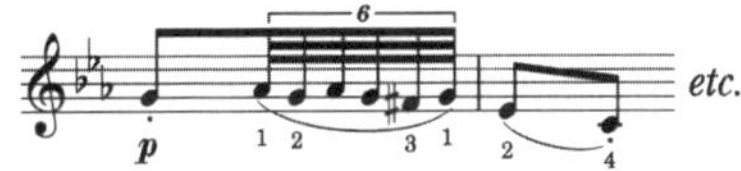

제64-93마디. 너무 격렬하지 않게, 객관성을 지키면서. 32분음표 악구를 과도하게 강하게 치려고 하여 손을 굳어지게 해서는 안 된다.

제64-69, 72-75, 81-84마디. *sf*는 화음에 의해 표현된다. 32분음표에 악센트를 붙이지 않는다.

제76, 78마디. 오른손 운지의 제안: '1245 4323 1235 4323'

제83-84마디. 오른손 운지의 제안: '1235 4323 1245 4323/1235 4323 1235 4323'.

제165마디. 이 마디는 약간 소스테누토로 정감을 담아서 연주한다(다음 마디에서 *a tempo*).

제166-183마디. 부드럽게 꿈꾸는 듯한 기분으로 하프를 떠올리는 터치로. *sf*는 날카롭지 않게 억양으로서 건반을 친다. *ff*(제174마디)는 폭발적이지 않고 충분한 음향으로. 마지막 두 마디에서의 리타르단도는 가능한 한 희미하게.

소나타 c단조 Op. 10 No. 1

제1악장

비극적이지만 단정하게.

제1-3, 5-7마디 및 유사 부분. 부점 리듬이 느슨해지지 않게. 해석의 힌트:

제2악장

제31-34마디 및 유사 부분. 오른손 32분음표에 끈끈함을 더해서.

제45마디. 아르페지오는 좌우 동시에. 충격을 가해서.

제91마디 이후는 자장가처럼. 앙상블 각 성부의 뉘앙스를 잘 음미하면서. 싱커페이션의 성부는 배경으로서 조용하게 연주한다. 제108마디 이후의 데크레셴도는 랄렌탄도를 동반하지 않는다.

제3악장

스케르초의 자연 그대로의 소박함을 가지고. 하지만 너무 빠르지 않게. 이 악장의 템포 결정에는 16분음표 빠른 악구의 명료함을 망가뜨리지 않는다는 전제가 깔려 있다.

제34-35마디. 왼손에는 다음과 같은 운지를 권장한다.

제56마디. 마디 후반부터 다음 마디 페르마타를 향해 리타르단도를 추가해도 좋다.

제91-92마디. 왼손에는 다음과 같은 운지를 권장한다.

제121-122마디. 리타르단도 없이.

소나타 F장조 Op. 10 No. 2

제1악장

제30-34마디 및 유사 부분. 오른손 알토~소프라노의 악구 호응을 명료하게 표현한다.

제67-68마디. 직전(제65-66마디)의 *ff*와의 강약 대비를 유머러스하게.

제69-72마디 및 유사 부분. 오른손(셋잇단) 16분음표 악구는 섬세한 꽃 장식과 같이.

제115-117마디. 리타르단도 없이.

제2악장

멜랑콜리하게.

제0-8마디. 표정을 억제하여 단조롭게.

제9-14마디 부분의 *sf*(제3박)는 오른손(소프라노 및 알토)의 프레이즈 시작을 나타내는 신호이다('주해' 참조). 너무 강하지 않게 다른 음보다도 선명하게 울리게 하는 정도로. 이 부분의 기본 음량은 *p*이다.

제3악장

템포는 프레스토이지만, 음악의 유머러스한 성격을 해칠 정도로 빠른 속도는 바람직하지 않다.

제23-32마디 및 유사 부분. 왼손 테너 성부의 선율 잘 듣기.

제51-67마디. *sf* 2분음표는 호른이나 트롬본의 취주(부는 연주)를 모방하여 다른 부분보다 우뚝 솟듯이.

제132-133마디. 연주법의 제안:

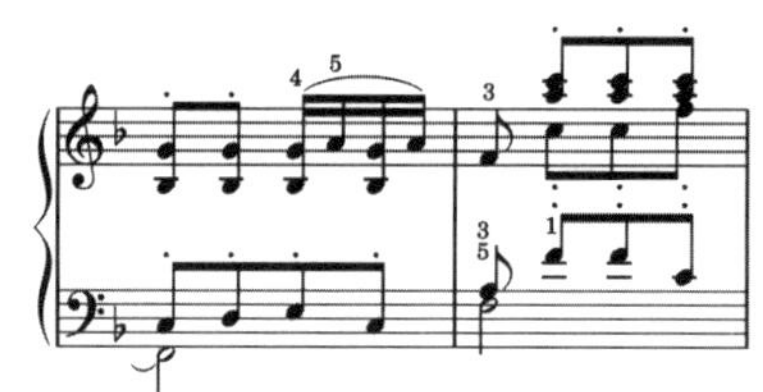

소나타 D장조 Op. 10 No. 3

제1악장

흥분하여 스릴 있게.

제105-113마디 및 유사 부분. 단조롭게 표정을 억제하여.

제2악장

제35, 37마디. 나는 원주①, ②에서 제시된 변경 내용을 지지한다. 그러는 편이 소리가 풍부하기 때문이다. 오늘날의 피아노에서 오른쪽 페달을 사용하여 주의 깊게 건반을 친다면, 증1도 음정은 크게 귀에 거슬리지 않는다.

제41-42마디. *smorzando*는 약간의 감속을 동반한 데크레셴도. 제43마디 후반에 서서히 템포를 되돌린다.

제67-70마디. 왼손의 *sf*는 그 음에 호른의 장음이 보충되는 듯한 감각으로 풍성한 소리를 만든다.

제76-78마디. 오른손 8분음표 악구와 그에 이어지는 부점 4분음표 화음을 명료하게 나눠서 연주한다. 해석의 예(독주 바이올린+목관 앙상블):

제4악장

제4마디 및 유사 부분. 페르마타를 향해 리타르단도를 덧붙인다. 돈꾸밈음(작음 음표)은 느긋하게. 표정은 풍부하게.

제34-40마디. 왼손에서는 이 악장의 주요 동기가 판독된다:

제92-94마디. 이 부분은 다음과 같이 해석된다:

소나타 c단조 《비창》 Op. 13

제1악장

강약의 구성을 충분히 고려하여. 베토벤이 강한 연주를 요구하는 경우가 많지 않다는 것에 주의.

제11-92마디. 이 사이의 기본 음량은 p-pp이다. $sf(rf)$는 그 기호가 붙은 음만을 강조하는 것이기 때문에 그 전후는 음들이 포르테를 의미하는 것은 아니다. 또한 크레셴도의 끝에 반드시 포르테가 오는 것은 아니다. 이 경우는 포르테라는 카타르시스를 허락하지 않는 불안한 심상의 음화이다.

제49-51마디. 연주법의 제안(제219-221마디도 마찬가지이다):

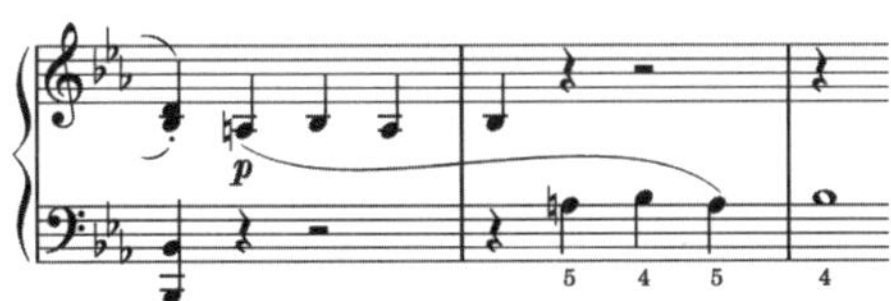

제75-76, 79-80, 84-85마디. 왼손 베이스음의 움직임을 레가토를 사용하여 드러낸다.

제87-88마디 및 유사 부분. 리타르단도를 덧붙이지 않는다.

제89-92마디 및 유사 부분. 왼손 베이스 성부를 잘 울리게 한다.

제136마디. 페르마타를 향해 약간의 리타르단도를 허용한다.

제189-190마디 및 그에 이은 두 마디. 운지의 제안: '3432 1532/ 1532 1531'.

제298마디. 마디 후반에 약간의 리타르단도를 넣는다.

제308-309마디. 이 두 마디와 그 전의 세 마디(제305-307마디)와의 ff의 성격에 변화를 준다.

제2악장

주선율은 첼로처럼 낭랑하고 맑게.

제1-16마디 및 유사 부분. 선율을 아름답게 드러낸다. 안 성부 16분음표는 가능한 한 흐릿하고 조용하게, 선율에 방해되지 않도록 한다.

제15마디. 오른손 선율 제2박의 운지는 '5543'이 훨씬 시적이다.

제37마디 이후. 16분음표 셋잇단음표는 가장 약한 음 중에서도 생기를 감추고.

제66-70마디. 왼손 'b'음 연타는 호른의 불어서 나는 소리를 모방하여.

제3악장

제167-170마디. *calando*는 약간의 감속을 동반한 데크레셴도. 제170마디 왼손 4분음표 'G'에서 *a tempo*.

제204-208마디. 여기서는 약간의 감속이 일어날 가능성이 있다. 그 경우, 제208마디 ff에서 *a tempo*.

소나타 E장조 Op. 14 No. 1

실내악적인 느긋함을 가지고. 현악 4중주 편곡판['악곡 해설' 참조]을 듣는 것은 유익할 것이다.

제1악장

제1-3마디 및 유사 부분. 왼손의 8분음표 화음 연타는 가볍게, 주선율에 방해되지 않도록.

제16-21마디. 이 부분의 강약 지시는 오른손 두 성부의 대화(소프라노 f 'b¹-a♯¹-f♯¹' : 알토 p 'e♯¹-f♯¹-g♯¹-c♯¹')의 뉘앙스 차이를 보여주고 있다.

제161-162마디. 리타르단도 없이.

제3악장

너무 빠르지 않고 느긋하게.

제29-30, 107-108마디. 페르마타를 향해서 약간의 리타르단도를 덧붙인다.

제82-83마디. 페르마타를 향해서 오른손 *decresc.*는 리타르단도를 동반하지 않는다.

소나타 G장조 Op. 14 No. 2

제1악장

제4-5마디 및 유사 부분. 표정이 풍부한 터치를 위해 다음과 같은 운지를 권한다.

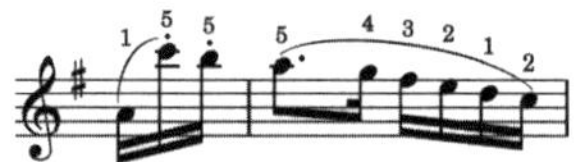

제3악장

'스케르초'답게 장난치는 듯한 분위기로.

제8-10마디 및 유사 부분. 연주법의 제안:

제14-16마디 및 유사 부분. 왼손, 운지의 제안:

제64-66, 66-68마디. 연주법의 제안(제160-162, 162-164마디도 같다):

제185-188마디. 오른손 역부점 리듬은 매우 우아하게.

제239, 243, 245, 247마디. *sf*는 오른손 제3박 8분음표만을 강조. 그 이외의 음(*p*)은 속삭이듯이.

소나타 B♭장조 Op. 22
제1악장

제105-123마디. 이 사이, 왼손이 우위를 차지한다. 오른손 분산 화음은 배경의 바탕처럼 엷고 희미하게.

제2악장

주선율은 아리아처럼.

제1-12마디. 오른쪽 페달의 발을 바꾸거나 깊게 밟기(깊이)를 생각하면서.

제3마디. 왼손 'a♭, b♭'과 오른손 'b♮¹, a♯¹(돈꾸밈음)'과의 불협화음 음정(증8도)의 소리를 잘 음미하면서.

제22-23마디 및 유사 부분. 오른손은 바이올린의 활 사용법을 상상하면서.

제34-39마디. 오른손의 두 성부에는 다른 악기를 상상하며 음색의 차이를 표현한다.

제3악장

주부는 유머러스하게, 익살부리듯이. 중간부(Minore)는 일부러 심각한 체하면서.

제4악장

제0-18마디 및 유사 부분. 왼손 아랫성부를 오른손 선율의 파트너로서 풍부한 표정으로 연주한다.

제8-12, 14-16마디 및 유사 부분. 오른손 옥타브 위의 음을 가능한 한 레가토로 연결한다.

제45-49마디. 오른손 두잇단음~셋잇단음~넷잇단음~다섯잇단음의 분박 긴축은 완만한 점진적 가속으로 이해할 수 있다. 연음수의 변화를 솔페지오적으로 엄밀하게 연주하는 것은 몰취미한 것이다.

제189, 191, 193마디. 오른손 소프라노 성부의 첫 8분음표 'b♭²'는 앞 마디에서부터 붙임줄로 연결된 것이므로, 다시 건반을 치지 않는다. 스타카토 기호는 오른손 알토 성부의 8분음표 'e♭²+g²'에 대한 지시로 이해할 수 있다.

제198-199마디. 마지막 두 화음 *ff*의 오른손에 'f²'음이 포함되지 않는 것에 주의. 강한 연주이기는 하지만 부드럽게 소리를 낸다.

베토벤 작품 연보

토오야마 유타카 (편)
작품은 완성 연도에 의한 것이다

년	피아노 독주곡 (굵은 글씨는 본 판 수록&권)	그 외 주요 작품	주요 사건
1770			12월 16일 본 출생
1776			부친 요한에게서 첫 음악 교육을 받음
1778			쾰른에서 피아니스트로서 첫 공연(3월)
1781			크리스티안 코틀로프 네페를 사사
1782	드레슬러의 주제에 의한 변주곡 WoO 63		프란츠 베겔러와의 만남/브로이닝가와 교류/첫 작품 출판(WoO 63)
1783	세 개의 선제후 소나타 WoO 47 론도 C장조 WoO 48 론도 A장조 WoO 49(5권, 이하 숫자만 표기)		네페가 쓴 베토벤 소개의 기사가 '음악 잡지(Magazin der Musik)'에 발표된다(3월)
1785		세 개의 피아노 4중주곡 WoO 36	본의 궁정 오르가니스트가 된다
1787	프렐류드 f단조 WoO 55(5)		빈 여행(1-3월)/모친 마리아 막달레나 사망(7월)
1789	두 개의 프렐류드 Op. 39(5)		프랑스 혁명(~1795년)
1790	스위스 민요에 의한 변주곡 WoO 64 리기니의 주제에 의한 변주곡 WoO 65(4)	요제프 2세 장송 칸타타 WoO 87 레오폴드 2세 즉위 칸타타 WoO 88	황제 요제프 2세 사망
1792	디터스도르프의 주제에 의한 변주곡 WoO 66	관악 8중주곡 E♭장조 Op. 103 바이올린과 피아노를 위한 론도 G장조 WoO 41	빈에 정주(11월)/하이든을 사사(12월~)/부친 요한 사망(12월)
1793		'만약 백작님이 춤을 춘다면'에 의한 바이올린과 피아노를 위한 변주곡 WoO 40	빈에서의 첫 출판(WoO 40)(7월)/리히노프스키 후작이 주최한 금요 연주회에 출연하기 시작함
1794			알브레히츠베르거를 사사(1월~)
1795	세 개의 소나타 Op. 2(1) 하이벨의 주제에 의한 변주곡 WoO 68 파이젤로의 주제에 의한 변주곡 WoO 69(4) 파이젤로의 주제에 의한 변주곡 WoO 70(4)	세 개의 피아노 3중주곡 Op. 1 현악 3중주곡 E♭장조 Op. 3 피아노 협주곡 B♭장조 Op. 19(초고) 피아노 협주곡 C장조 Op. 15(초고) 8개의 가곡 Op. 52	빈에서 데뷔(Op. 15 초고 초연)(3월)/Op. 2를 하이든 참석의 금요 연주회에서 공개(9월)
1796	쉬운 소나타 G장조 Op. 49 No. 2(2) 여섯 개의 미뉴에트 WoO 10	두 개의 첼로 소나타 Op. 5 피아노 5중주곡 E♭장조 Op. 16 가곡 '아델라이더' Op. 46 셰나와 아리아 '아, 못 믿을 이여' Op. 65	이 즈음부터 청각 장애가 시작된다/프라하, 드레스덴, 라이프치히, 베를린으로 장기 여행(2~7월)
1797	소나타 E♭장조 Op. 7(1) 론도 C장조 Op. 51 No. 1(5) 바가텔 c단조 WoO 52(5) 알레그레토 c단조 WoO 53 브라니츠키의 주제에 의한 변주곡 WoO 71(4) '열병' 주제에 의한 변주곡 WoO 72	피아노 연탄 소나타 D장조 Op. 6 현악 3중주곡 D장조 '세레나데' Op. 8 가곡 '그대를 사랑해' WoO 123	슈판치히 주최 연주회에 출연(Op. 16 초연)(4월)

연도			
1798	세 개의 소나타 Op. 10(1) 소나타 c단조 《비창》 Op. 13(1) 쉬운 소나타 g단조 Op. 49 No. 1(2) 론도 아 카프리치오 Op. 129(5) 두 개의 피아노 소품(쉬운 소나타) WoO 51	세 개의 현악 3중주곡 Op. 9 피아노 3중주곡 B♭장조 Op. 11 세 개의 바이올린 소나타 Op. 12 바이올린을 위한 로망스 F장조 Op. 50 피아노 협주곡 B♭장조 Op. 19(개정고)	프라하로 연주 여행(Op. 15 & Op. 19의 개정고 초연)(10월)
1799	두 개의 소나타 Op. 14(1) 살리에리의 주제에 의한 변주곡 WoO 73 빈터의 주제에 의한 변주곡 WoO 75 쥐스마이어의 주제에 의한 변주곡 WoO 76	'그대를 생각하며'에 의한 피아노 연탄을 위한 변주곡 WoO 74	브룬스비크 자매(테레제, 요제피나)에게 피아노를 지도함(5월)/카를 체르니 입문(12월)
1800	소나타 B♭장조 Op. 22(1) 론도 G장조 Op. 51 No. 2(5) 쉬운 변주곡 G장조 WoO 77	피아노 협주곡 C장조 Op. 15(개정고) 호른 소나타 F장조 Op. 17 여섯 개의 현악 4중주곡 Op. 18 7중주곡 E♭장조 Op. 20 교향곡 C장조 Op. 21 바이올린 소나타 a단조 Op. 23	베토벤 자신이 주최한 첫 연주회(Op. 21 초연)(4월)
1801	소나타 A♭장조 Op. 26(2) 두 개의 환상곡풍 소나타 Op. 27(2) 소나타 D장조 Op. 28(2)	바이올린 소나타 F장조 '봄' Op. 24 플루트, 바이올린, 비올라를 위한 '세레나데' D장조 Op. 25 발레 '프로메테우스의 창조물' Op. 43	살리에리로부터 이탈리아 성악 양식을 배움/베겔러에게 난청을 고백(6월)/줄리에타 귀차르디와 연애/페르디난트 리스 입문(10월)
1802	세 개의 소나타 Op. 31(2) 일곱 개의 바가텔 Op. 33(5) 변주곡 F장조 Op. 34(4) 변주곡 E♭장조 Op. 35(4) 피아노 소품 '기쁨과 슬픔' WoO 54(연도 추정)	세 개의 바이올린 소나타 Op. 30 교향곡 D장조 Op. 36 바이올린을 위한 로망스 G장조 Op. 40 현악 4중주곡 F장조 Hess 34(Op. 14 No. 1의 편곡)	하일리겐슈타트 유서(10월)
1803	'하느님, 국왕 폐하를 지켜 주소서(God Save the King)' 변주곡 WoO 78(4) 룰 브리타니아 변주곡 WoO 79	피아노 협주곡 c단조 Op. 37 바이올린 소나타 A장조 '크로이처' Op. 47 겔레르트 시에 의한 여섯 개의 가곡 Op. 48 오라토리오 '올리브 산의 그리스도' Op. 85 피아노 3중주를 위한 '카카두' 변주곡 Op. 121a(개정 1816년)	안 데어 빈 극장과 계약(1월)/에럴 사로부터 피아노를 증정 받음(8월)
1804	소나타 C장조 '발트슈타인' Op. 53(2) 소나타 F장조 Op. 54(2) 바가텔 C장조 WoO 56(5) 안단테 F장조 WoO 57(5)	가곡 '희망에 기대어' Op. 32 교향곡 E♭장조 '영웅' Op. 55 피아노, 바이올린, 첼로를 위한 3중 협주곡 Op. 56	나폴레옹 황제 즉위(5월)/요제피네 다임(결혼 전의 성은 브룬스비크)와의 연애(가을~1807년 9월)
1805	미뉴에트 E♭장조 WoO 82	가극 '피델리오(레오노레)' Op. 72(제1고)	Op. 72의 초연이 실패로 끝난다(10월)
1806	소나타 f단조 '열정' Op. 57(2) 변주곡 c단조 WoO 80(4) 에코세즈 E♭장조 WoO 83(5)(연도 추정)	피아노 협주곡 G장조 Op. 58 세 개의 현악 4중주곡 '라주모프스키' Op. 59 교향곡 B♭장조 Op. 60 바이올린 협주곡 D장조 Op. 61 서곡 '코리올란' Op. 62 가극 '피델리오(레오노레)' Op. 72(제2고)	그레츠 성에서의 Op. 57 연주 거부(10월)
1807		미사 C장조 Op. 86 아리에타 '이 어두운 무덤에' WoO 133	로프코피츠 후작 주최의 베토벤 전곡 연주회(Op. 58, 60, 62 초연)(3월)/루돌프 대공과의 교류가 시작된다

1808		교향곡 c단조 Op. 67 교향곡 F장조 '전원' Op. 68 첼로 소나타 A장조 Op. 69 두 개의 피아노 3중주곡 Op. 70 합창 환상곡 Op. 80	안 데어 빈 극장에서 베토벤 전곡 대연주회(Op. 67, 68, 80 초연, Op. 58 재연 등)(12월. 피아노 협주곡의 최후의 공개 연주가 된다)/이즈음부터 프란츠 올리버가 비서가 된다
1809	환상곡 Op. 77(5) 소나타 F♯장조 Op. 78(3) 소나타 G장조 Op. 79(3)	피아노 협주곡 E♭장조 '황제' Op. 73 여섯 개의 가곡 Op. 75	루돌프 대공, 로프코피츠 후작, 킨스키 후작으로부터 연금 지급 계약(3월)/프랑스 군, 빈 점령(5월)~철퇴(11월)
1810	변주곡 D장조 Op. 76(4) 소나타 E♭장조 '고별' Op. 81a(3) 엘리제를 위하여 WoO 59(5)	괴테의 시에 의한 세 개의 가곡 Op. 83 부수 음악 '에그몬트' Op. 84 현악 4중주곡 '세리오소' Op. 95	안토니 브렌타노를 만남
1811		피아노 3중주곡 B♭장조 '대공' Op. 97 극음악 '아테네의 폐허' Op. 113 극음악 '슈테판 왕' Op. 117 가곡 '연인에게' WoO 140	테프리츠에서 휴양(8~9월)
1812		교향곡 A장조 Op. 92 교향곡 F장조 Op. 93 바이올린 소나타 G장조 Op. 96 피아노 3중주곡 B♭장조 WoO 39	프라하, 테프리츠, 칼스바트, 린츠로의 장기 여행(7~11월)/불멸의 연인을 향한 편지(7월)/괴테와의 회견(7, 9월)
1813		웰링턴의 승리 Op. 91	바덴에 체재(5~9월)/레오타르트 멜첼이 보청기를 제작
1814	폴로네이즈 C장조 Op. 89(5) 소나타 e단조 Op. 90(3)	가극 '피델리오' Op. 72(제3고) 연합 군주들을 위한 합창곡 WoO 95	Op. 91의 소유권을 둘러싼 요한 네포무크 멜첼과의 소송 항쟁(3월~)/나폴레옹 실각~귀양(4월)/빈 회의(9월~)
1815		두 개의 첼로 소나타 Op. 102 칸타타 '고요한 바다와 즐거운 항해' Op. 112 서곡 '명명축일' Op. 115 가극 '레오노레 프로하스카' WoO 96	러시아 황후 탄생일 축하연에 출석(1월)/동생 카스파르 사망(11월)~남겨진 조카 카를의 후견권 문제(~1820년)
1816	소나타 A장조 Op. 101(3)	가곡집 '멀리 있는 연인에게' Op. 98	가을부터 건강이 나빠져 1년여 동안 작곡에 진척이 없다
1817			난청의 중증도가 높아짐/처음으로 메트로놈을 입수(10월)
1818	소나타 B♭장조 '함머클라비어' Op. 106(3) 피아노 소품 B♭장조 WoO 60		대화 수첩을 사용하기 시작(2월~)/브로드우드 사의 피아노 증정(6월)
1820	소나타 E장조 Op. 109(3)		조카 카를의 후견권 재판이 결착(8월)
1821	소나타 A♭장조 Op. 110(3) 알레그레토 b단조 WoO 61		건강 상태 악화/황달 증상이 나타남 (7~8월)
1822	소나타 c단조 Op. 111(3) 열한 개의 바가텔 Op. 119(5)	조곡 '헌당식' Op. 124	쉰들러가 비서가 됨/로시니 내방(4~5월 쯤)
1823	디아벨리 변주곡 Op. 120(4)	미사솔렘니스(장엄 미사) Op. 123	리스트 내방(4월)/모셰레스 내방(12월)
1824	여섯 개의 바가텔 Op. 126(5)	교향곡 d단조 Op. 125	Op. 123 초연(4월, 상트페테르부르크)/Op. 125 초연(5월)

1825	피아노 소품 g단조 WoO 61a	현악 4중주곡 E♭장조 Op. 127 현악 4중주곡 B♭장조 Op. 130 현악 4중주곡 a단조 Op. 132	런던으로부터 초빙을 받았지만 방문이 실현되지 못함
1826		현악 4중주곡 c♯단조 Op. 131 대푸가 Op. 133 현악 4중주곡 F장조 Op. 135	그라프 사로부터 피아노 대여(1월)/조카 카를 자살 미수(8월)/병증이 급속도로 악화됨(12월)/복수 제거 수술(12월~이듬해 2월까지 4회)
1827			3월 26일, 빈에서 사망/3월 29일, 장례식. 베링 묘지에 매장(1888년 빈 중앙 묘지로 이장)

춘추사 [신판] 피아노 작품집

바흐 피아노 작품집　　　　　　　　　　이구치 모토나리 (교정·운지), 토오야마 유타카 (해설)

제1권　《평균율 클라비어곡집》 제1권 (전24곡) BWV 846-869

제2권　《평균율 클라비어곡집》 제2권 (전24곡) BWV 870-893

제3권　《프랑스 모음곡》 (전6곡) BWV 812-817

　　　　《영국 모음곡》 (전6곡) BWV 806-811

제4권　《인벤션》《신포니아》 기타《2성 인벤션》 (전15곡) BWV 772-786 /《3성 신포니아》 (전15곡) BWV 787-801 /《12개의 작은 프렐류드》 BWV 924, 939, 999, 925, 926, 940, 941, 927-930, 942 /《6개의 작은 프렐류드》 BWV 933-938 /《푸가(푸게타)》 BWV c단조 961 /《푸가》 C장조 BWV 952 /《푸가》 C장조 BWV 953 /《작은 프렐류드와 푸게타》 d단조 BWV 899 /《작은 프렐류드와 푸가》 e단조 BWV 900 /《작은 프렐류드와 푸가》 a단조 BWV 895

제5권　《파르티타》 기타《6개의 파르티타》 BWV 825-830 /《프랑스풍 서곡》 b단조 BWV 831 /《이탈리아 협주곡》 F장조 BWV 971 /《반음계적 환상곡과 푸가》 BWV 903 /《사랑하는 형의 여행을 위한 카프리치오》 BWV 992 / 제6권《토카타집》 (전7곡) BWV 910-916

베토벤 피아노 작품집　　　　　　　　　　이구치 모토나리 (교정·운지), 토오야마 유타카 (해설)

제1권　**소나타집 1 [제1번~제11번]** 제1번 Op.2-1 (f단조) / 제2번 Op.2-2 (A장조) / 제3번 Op.2-3 (C장조) / 제4번 Op.7 (E♭장조) / 제5번 Op.10-1 (c단조) / 제6번 Op.10-2 (F장조) / 제7번 Op.10-3 (D장조) / 제8번 Op.13 《비창》 (c단조) / 제9번 Op.14-1 (E장조) / 제10번 Op.14-2 (G장조) / 제11번 Op.22 (B♭장조)

제2권　**소나타집 2 [제12번~제23번]** / 제12번 Op.26 (A♭장조) / 제13번 Op.27-1 (E♭장조) / 제14번 Op.27-2《월광》 (c♯단조) / 제15번 Op.28《전원》 (D장조) / 제16번 Op.31-1 (G장조) / 제17번 Op.31-2《템페스트》 (d단조) / 제18번 Op.31-3 (E♭장조) / 제19번 Op.49-1 (g단조) / 제20번 Op.49-2 (G장조) / 제21번 Op.53《발트슈타인》 (C장조) / 제22번 Op.54 (F장조) / 제23번 Op.57《열정》 (f단조)

제3권　**소나타집 3 [제24번~제32번]** 제24번 Op.78《테레제》 (F♯장조) / 제25번 Op.79 (G장조) / 제26번 Op.81a《고별》 (E♭장조) / 제27번 Op.90 (e단조) / 제28번 Op.101 (A장조) / 제29번 Op.106《함머클라비어》 (B♭장조) / 제30번 Op.109 (E장조) / 제31번 Op.110 (A♭장조) / 제32번 Op.111 (c단조)

제4권　**변주곡집** 24개의 변주곡 D장조 WoO 65 / 9개의 변주곡 A장조 WoO 69 / 6개의 변주곡 G장조 WoO 70 / 12개의 변주곡 A장조 WoO 71 / 6개의 변주곡 F장조 Op.34 / 변주곡 E♭장조 Op.35 / 7개의 변주곡 C장조 WoO 78 / 32개의 변주곡 c단조 WoO 80 / 6개의 변주곡 D장조 Op.76 /《디아벨리의 왈츠에 의한 33개의 변주곡》 C장조 Op.120

제5권　**소품집** 7개의 바가텔 Op.33 / 11개의 바가텔 Op.119 / 6개의 바가텔 Op.126 / 바가텔 c단조 WoO 52 / 바가텔 C장조 WoO 56 / 2개의 프렐류드 Op.39 / 프렐류드 f단조 WoO 55 / 2개의 론도 Op.51 / 론도 아 카프리치오 G장조 Op.129 / 론도 A장조 WoO 49 / 환상곡 Op.77 / 폴로네즈 C장조 Op.89 / 안단테 F장조 WoO 57《안단테 파보리》/《엘리제를 위하여》 WoO 59 / 6개의 에코세즈 WoO 83

쇼팽 피아노 작품집　　　　　　　　　　이구치 모토나리 (교정·운지), 토오야마 유타카 (해설)

제1권　**소나타** 소나타 Op.35《장송 행진곡 포함》/ 소나타 Op.58 / **발라드** Op.23, Op.38, Op.47, Op.52

제2권　녹턴 Op.9, Op.15, Op.27, Op.32, Op.37, Op.48, Op.55, Op.62, Op.72-1

제3권　**즉흥곡(Impromptu)** Op.29, Op.36, Op.51, Op.66《환상 즉흥곡》/ **판타지** Op.49 / **스케르초** Op.20, Op.31, Op.39, Op.54

제4권　**12개의 에튀드** Op.10 / **12개의 에튀드** Op.25/ **3개의 새로운 에튀드**

제5권　**24개의 프렐류드** Op.28/ **프렐류드** Op.45 / **왈츠** Op.18《화려한 대왈츠》, Op.34《화려한 왈츠》, Op.64-1《작은 개 왈츠》/ Op.69-1《고별》, e단조 (유작) 등

제6권　**마주르카** Op.6, Op.7, Op.17, Op.24, Op.30, Op.33, Op.41, Op.50, Op.56, Op.59, Op.63, Op.67, Op.68,《라 프랑스 뮤지컬》 수록곡,《에밀 가이야르》 수록곡

제7권　**폴로네즈** Op.26, Op.40-1《군대 폴로네즈》, Op.40-2, Op.44, Op.53《영웅 폴로네즈》, Op.61《폴로네즈-환상곡》, Op.71, Op.22《안단테 스피아나토와 화려한 대 폴로네즈》

제8권　**론도** Op.1 / **마주르카풍 론도** Op.5 / **론도** Op.16 / **화려한 변주곡** Op.12 / **독일 민요에 의한 변주곡 (유작)** / **볼레로** Op.19 / **타란텔라** Op.43 / **연주회용 알레그로** Op.46 / **자장가** Op.57 / **뱃노래** Op.60 / **장송 행진곡** Op.72-2 / **3개의 에코세즈** Op.72-3

번역 조유경

음악학, 음악미학 연구자. 미국 뉴욕시립대학(CUNY) 음악과를 졸업하고, 도쿄대학에서 근현대 서양예술음악 및 전후 독일 음악문화사를 연구하여 20세기 음악의 인용 및 콜라주를 둘러싼 시학과 정치학을 주제로 미학예술학 박사학위를 취득하였다. 현재 도쿄예술대학 음악연구과에서 일본학술진흥회(JSPS) 특별연구원(PD)으로 재직 중이며 도쿄대학 교양학부에 출강하고 있다. 최근에는 현대음악 창작과 수용의 동태로 본 포스트메모리에 대한 연구과제를 수행 중이다.

[신판] 베토벤 피아노 작품집 [1] 소나타집 – 1

2025년 9월 22일 신판 제1쇄 발행

편집·교정	**MOTONARI IGUCHI**
해설	**YUTAKA TOYAMA**
번역	조유경
발행처	(주)태림스코어
발행인	정상우
출판등록	2012년 6월 7일 제 313-2012-196호
주소	서울시 은평구 증산로 9길 32 (03496)
	전화 02)333-3705 · 팩스 02)333-3748

ISBN 979-11-5780-407-8(94670)
979-11-5780-406-1(세트)